Spektakuläre Nachrichten aus dem alten Wien

ANDREAS KLONER

Spektakuläre Nachrichten

AUS DEM ALTEN WIEN

METROVERLAG

VORWORT

Wäre das „Illustrierte Wiener Extrablatt" bereits vor mehr als 6000 Jahren erschienen – wie hätte es seine Leserschaft auf die neueste Erfindung namens „Rad" eingestimmt? Mit Skepsis oder mit Enthusiasmus?

An das Rad mit seinen unzähligen Einsatzmöglichkeiten hatte sich das Leserpublikum im Jahr 1872, als das „Illustrierte Wiener Extrablatt" zum ersten Mal erschien, natürlich schon längst gewöhnt. Außerdem hatte sich diese wohl smarteste Invention der Menschheitsgeschichte von seiner gerade mal an seinen Ecken abgerundeten Form, plump und schwerfällig, über die Jahrtausende hinweg zu einem fein gedrechselten, physikalisch gut durchdachten, unverzichtbaren Hilfsmittel im Transportwesen (und nicht nur in diesem Bereich) weiterentwickelt.

Das Rad hat die Geschichte der Menschheit derartig beeinflusst und verändert, dass wir uns auch in unserer kühnsten Phantasie nicht mehr vorstellen können, wie die Welt vor seiner Erfindung ausgesehen haben mag. – Mehr noch: Wir besitzen nicht einmal ausreichend Vorstellungskraft um zu imaginieren, was es gesellschaftlich und technisch bedeutete, vor knapp hundert Jahren gelebt zu haben. Denn mit der Erfindung des Radios in den frühen 1920er-Jahren eroberte das erste Massenmedium den Markt und die privaten Haushalte. Und danach blieb kein Stein der herkömmlichen menschlichen Kommunikation auf dem anderen.

Das vorliegende Buch „Spektakuläre Nachrichten aus dem alten Wien" blickt auf eine Zeit zurück, die eine Art Übergangsphase zwischen alter und neuer Kommunikation, aber auch zwischen herkömmlichem und „modernem" Denken darstellt. Im Laufe von 56 Jahren – dem Zeitraum seines Erscheinens – dokumentierte das „Illustrierte Wiener Extrablatt" auf seiner Titelseite die ersten Funken der aufkommenden Radiophonie, berichtete ausführlich über die erste Flugshow in Wien und bot seinen Leserinnen und Lesern bei kontroversen Themen wie dem „skandalösen" Hosenrock für Damen viel Platz zum Mitdiskutieren.

Neben zahlreichen Beispielen, die geradewegs in die technische und gesellschaftliche Moderne des frühen 20. Jahrhunderts führen, finden sich in diesem Buch noch weitere Farbtupfer an Kuriositäten, die aus insgesamt 20.000 Illustrationen von Titelblättern des „Illustrierten Wiener Extrablatts" herausgefiltert wurden und das widerspiegeln, was die Wienerinnen und Wiener vor mehr als hundert Jahren bewegt hat.

Mein Dank gilt der Österreichischen Nationalbibliothek für die Möglichkeit einer unkomplizierten Recherche und natürlich den Mitarbeiterinnen und Mitarbeitern des Metroverlags, die für eine „altmodische" Kommunikation, nämlich das persönliche Gespräch, für den Autor stets zu haben waren.

Andreas Kloner

13. Oktober 1873

UNSER ZUKUNFTSFRIEDHOF

Es ist ein gutes Stück Land, das sich auf dem Großteil der Illustration breitmacht. Im Vordergrund schmaucht gemütlich eine Dampflok, die sich Richtung Osten fortbewegt, im Hintergrund zieht sich ein größeres Gebäude in die Länge, am Horizont ist gerade noch die Skizze einer kleinen Ortschaft zu erkennen. Das Stück Land, das sich vor dem Betrachter ausbreitet, wird in wenigen Jahren von einer großen Anzahl an Monumenten und Steinskulpturen überwuchert sein. Es ist jene Grundfläche, auf der ab 1874 der Zentralfriedhof, die größte Begräbnisfläche Wiens, seine Tore öffnen wird. Mit diesem Wissen ausgestattet lässt sich der schemenhafte Ort am Horizont als Kaiserebersdorf und das langgezogene Gebäude als Schloss Neugebäude identifizieren. Die Bahn im Vordergrund bringt heute ihre Fahrgäste zum Schwechater Flughafen, fast parallel dazu verläuft die „Reichsstraße nach Ungarn", die heutige Simmeringer Hauptstraße: „Zwischen Bahn und Straße liegt eingekeilt der ‚Million-Friedhof', wie ihn der Volksmund bereits nennt, dessen kleinster, an seinen äußersten Punkten mit Kreuzen begrenzter Teil uns vorläufig nur als ein Provisorium hingestellt wird." – Dieses Provisorium platzte schon bald nach der Eröffnung zu Allerheiligen 1874 aus allen Nähten. Das Friedhofsareal erfuhr eine stetige Erweiterung. Ab 1922 wurden auch Teile der Fläche rund um das Schloss Neuge-

bäude – jenseits der Hauptfriedhofsfläche – für Begräbniszwecke einverleibt.

Gibt es einen würdigeren Beginn für ein Wien-Buch, als das Ende des Lebens an den Anfang dieser Lektüre zu stellen? Vielleicht steht die leere, noch nicht bebaute Fläche des Zentralfriedhofs symbolisch für das junge „Illustrierte Wiener Extrablatt", das erst anderthalb Jahre zuvor, am 24. März 1872, aus der Taufe gehoben wurde, und dessen Redakteure noch nicht ahnen konnten, in welche Richtung das Blatt selbst und die Welt sich entwickeln wird, welche technischen Novitäten, Sensationen, Kuriositäten, Skurrilitäten, teils komisch, teils tragisch in den nächsten fünf Jahrzehnten der Leserschaft auf der Titelseite präsentiert werden sollten.

19. Jänner 1874

DIE VERBRENNUNG DER LEICHEN

Noch bevor der Wiener Zentralfriedhof feierlich eröffnet wurde, war im „Illustrierten Wiener Extrablatt" ein Thema heiß umfehdet und wild umstritten diskutiert worden: die Verbrennung von Toten. Wie wichtig der Zeitung und der Öffentlichkeit dieses Thema gewesen sein mag, lässt sich allein an einer größeren Anzahl an Titelbildern erkennen, die alle dieser äußerst kontrovers geführten Diskussion gewidmet waren. Die erste Zeichnung zu diesem Thema wurde bereits im Jänner 1874 auf dem Titel abgebildet.
40 Jahre später, im Juni 1914 – wenige Tage vor der Ermordung des österreichischen Thronfolgers Franz Ferdinand und seiner Ehefrau Sophie – gab es innerhalb Wiens noch immer keine Möglichkeit, sich verbrennen zu lassen: Am 21. Juni 1914 war nämlich die Nobelpreisträgerin und Friedenspäpstin Berta von Suttner verstorben. Ihr Leichnam musste in ein Krematorium nach Deutschland überführt werden, da es in Österreich sowohl an der Erlaubnis als auch an einem Gebäude für die Verbrennung mangelte.
Die Redaktion des „Illustrierten Wiener Extrablatts" selbst, die sich eher von der nostalgisch-konservativen Seite zeigte, stand der Idee der Verbrennung äußerst aufgeschlossen gegenüber. So wurde in sehr deftigen Sätzen eine sehr positive Einstellung gegenüber dieser noch verbotenen und ungewöhnlichen Bestattungsart formuliert: „Nur ungesun-

de Schwärmer und Verzückte konnten in dem Kokettieren mit gebleichten Totenschädeln eine Bußübung erblicken: Seitdem ein freierer, lichterer Geist in den Köpfen der Lebenden waltet, sind die Modermagazine, die man Friedhöfe nennt, durchaus nicht mehr am Platz."

Der im Jahr 1874 geäußerte Wunsch, in Wien könnte sich in nächster Zeit recht bald diese neue Bestattungsform durchsetzen, wo der Tote „in eine zu diesem Zweck eigens feuerfest konstruierte Kammer gebracht, in ein Tuch aus Asbest (Steinleinwand) gehüllt und vor den Augen der Leidtragenden – die außerhalb des Raumes durch ein Fenster das offenliegende Gesicht des Toten noch bis zum letzten Moment erblicken können" verbrannt werde, war alleine deswegen noch in weiter Ferne, weil sich die hiesigen Stadtväter bei diesem heiklen Thema nicht zu weit aus dem Fenster lehnen wollten. Ein ständiges Verschieben und Hinauszögern dieser Frage stand deswegen stets auf der Tagesordnung des Wiener Gemeinderates. Andererseits sah sich die Stadt durch eine verstärkte Zuwanderung und eine Anzahl von etwa 20.000 Toten pro Jahr bald nicht mehr in der Lage, den Betrieb auf dem bereits vorhandenen Areal des Wiener Zentralfriedhofs mittels herkömmlicher Bestattungsart aufrecht zu halten – ganz abgesehen von den hygienischen und gesundheitlichen Aspekten, die in dieser Diskussion eine zentrale Rolle spielten. (Abb. S. 11)

An technischen und pionierhaften Vorreitern, die längst ein ausgeklügeltes System für das Verbrennen von Leichen entwickelten, hatte es nie gemangelt. So bemühte sich die Firma Siemens ebenfalls um eine Lösung, die sowohl die Effizienz im Verbrennungsprozess als auch die angebrachte

Pietät im Umgang mit den Angehörigen der Verstorbenen berücksichtigte. Ein Vorzeigemodell eines „Verbrennungstempels“, errichtet von einem Geschäftsmann in Mailand, veröffentlichte das „Illustrierte Wiener Extrablatt“ im Jahr 1880. Diese private Anlage stellte der Mailänder Mäzen nach seinem Tod der Öffentlichkeit zur Verfügung.

Noch im Jahr 1922, als auf dem Areal von Schloss Neugebäude gegenüber der Hauptanlage des Zentralfriedhofs das erste Krematorium, unter der Leitung des Architekten Clemens Holzmeister (1886–1983), errichtet wurde, stellte sich weiterhin die Frage, ob in Wien Leichen verbrannt werden dürfen oder nicht. Am 16. Dezember 1922, einen Tag vor der offiziellen Eröffnung des Krematoriums durch die Wiener Stadtregierung, erfolgte prompt das Verbot der österreichischen Regierung. Der damalige Sozialminister Friedrich Schmitz ließ verlauten, die Inbetriebnahme sei gesetzlich unzulässig. Der Wiener Bürgermeister Jakob Reumann (1853–1925) – für die erzkonservative Staatsregierung seit je der rote „Gottseibeiuns" – lehnte dieses Verbot im Gegenzug wegen „Ungesetzlichkeit" ab. Einen Monat später konnte die erste Einäscherung erfolgen. Anderthalb Jahre später wurde schon der tausendste Leichnam kremiert. Ab 1925 reihte sich auch der zwei Jahre zuvor demissionierte Bürgermeister Jakob Reumann in den Urnenhain jener prominenten Zeitgenossen ein, die bereits zu Lebzeiten verfügt hatten, ihren Leichnam verbrennen zu lassen.

24. Oktober 1900

DIE EXHUMIERUNG DES KOMIKERS WENZEL SCHOLZ

Als Mitte des 19. Jahrhunderts der Schauspieler und Komiker Wenzel Scholz (1787–1857) auf dem Dornbacher Friedhof das erste Mal zu Grabe getragen wurde, befand man sich von der Frage einer Leichenverbrennung auf innerösterreichischem Staatsgebiet noch meilenweit entfernt. Als die sterbliche Hülle Wenzel Scholz' im Oktober 1900 exhumiert wurde, stellte sich zumindest bei seinen sterblichen Überresten diese Frage nicht mehr. „Ein Totenschädel und eine Krawatte, die von der Solidität der Erzeugnisse vor 40 Jahren Zeugnis ablegt" war alles, was vom einst beliebten Mimen und zweifellos wichtigsten Bühnenpartner des Dramatikers und Schauspielers Johann Nestroy (1801–1862) geblieben war. Zum Publikumsliebling wurde der äußerst beleibte Wenzel Scholz Anfang der 1830er Jahre, als er ausgerechnet dem schmächtigen, liederlichen Schneider „Zwirn" in Nestroys Theaterstück „Lumpazivagabundus" überzeugend Gestalt verlieh.

Der auf dem Friedhof anwesende Illustrator ließ es sich nicht nehmen, die festgehaltene Szene mit einem der wohl berühmtesten Theater-Topoi zu versehen. Wie schon einige Jahrhunderte zuvor, als der von William Shakespeare erdichtete „Hamlet" einen blanken Schädel von den Totengräbern überreicht bekam, hält diesen nun der Wiener „Stadtphysikus" in Händen. Auch wenn diese theatralische

Szene oft und gerne mit der dramatischen Ode auf die Vergänglichkeit – „Sein oder Nichtsein" – in Verbindung gebracht wird, handelte es sich bei der Szene in Shakespeares Drama um einen völlig anderen Monolog, den der Dänenprinz mit einem Anflug von Wehmut vor sich hinsäuselte. Er erinnerte sich an den Hofnarren Yorrick, der durch „seine Schwänke, seine Sprünge, seine Lieder, seine Blitze voll Lustigkeit" die adelige Gesellschaft ungestraft auf den Arm nehmen durfte. – So schließt sich der Kreis zum „Wiener Yorrick" auch auf diesem Friedhofsbild, wo „die Spuren der Verwesung im herbstlichen Frösteln über die Stätte des Todes ziehen."

24. Juni 1888

LUDWIG VAN BEETHOVENS ZWEITE TOTENFAHRT

Totenschädel und Krawatte, die sterblichen Überreste von Wenzel Scholz, fanden ihre letzte Ruhestätte auf Betreiben seiner Enkelin im oberösterreichischen Traunkirchen. Auch der weitaus prominentere Johann Nestroy wurde nicht nur einmal bestattet. Da das wachsende Wien seit dem Schleifen der Stadtmauer mit den Vororten und Vorstädten ein immer dichteres gemeinsames Ganzes ergab, stellten die Friedhöfe, die sich nun mitten im Stadtgebiet befanden, ein räumliches und hygienisches Problem dar. Deswegen wurden die kleinen innerstädtischen Friedhöfe der Reihe nach aufgelassen, planiert und zum Teil in Parkanlagen umgewandelt. Um die Wiener Bevölkerung nicht um die Möglichkeit zu bringen, die Namen der prominenten Verstorbenen weiterhin auf dem Grabstein lesen zu können, begann man im letzten Viertel des 19. Jahrhunderts die berühmteren Gebeine zu exhumieren und – in den allermeisten Fällen – auf den Wiener Zentralfriedhof zu überführen. Eine besonders große Promidichte konnte vor allem der kleinere Währinger Ortsfriedhof (heute Schubertpark) aufweisen. Nicht nur Johann Nestroy lag dort die ersten Jahrzehnte nach seinem Tod, sondern auch der wohl bedeutendste Musikschaffende des frühen 19. Jahrhunderts: Ludwig van Beethoven (1771–1827).

Bei Beethovens Begräbnis am 29. März 1827 hatte der Schauspieler Heinrich Anschütz (1785–1865) die besondere Ehre, eine ergreifende Trauerrede zu deklamieren. Bei der feierlichen Wiederbestattung schlüpfte sein Kollege von der Hofburg, der Schauspieler Joseph Lewinsky (1835–1907), in die Rolle Anschütz' und verabschiedete den berühmten Komponisten am Zentralfriedhof ein weiteres Mal feierlich. (Abb. S. 17)

Ein ähnlicher Akt wiederholte sich lediglich drei Monate später, im September 1888, als der Komponist Franz Schubert (1797–1828), Beethovens langjähriger Grabnachbar auf dem Währinger Ortsfriedhof, ebenfalls in einer publikumsreichen Totenfahrt auf seine zweite und letzte Ruhestätte auf den Zentralfriedhof überführt wurde. Diese öffentliche Aufmerksamkeit und späte Anerkennung war dem jung verstorbenen Tonkünstler bei seinem ersten Begräbnis verwehrt geblieben.

Als der Trauerkondukt mit den sterblichen Überresten Schuberts den Schillerplatz passierte, intonierte ein Chor ein Werk des frühbiedermeierlichen Liedermachers: „Die Nacht". 1.200 Mann beteiligten sich insgesamt an diesem sängerischen Großunternehmen. Durch diese immens große Anzahl von Personen tief beeindruckt, ließ es sich das „Illustrierte Wiener Extrablatt" nicht nehmen, sämtliche 60 Wiener Chöre, die bei diesem Riesen-Ständchen mitgemacht hatten, aufzuzählen. Von Betriebschören, wie dem „Post- und Telegraphen-Beamten-Sängerverein", über Bezirkschöre, die sich noch in weitere Chöre der historischen Vororte unterteilten, bis hin zu Formationen mit klingenden Namen wie „Arion", „Arminius", Biedersinn",

„Einigkeit“, „Edelsinn“, „Flora“, „Frohsinn“, „Harmonie“ und „Sängerlust“ reichte die Zahl der begeisterten Hobbysänger.

14. August 1872

PNEUMATISCHE POST

Diese Erfindung aus dem Bereich der Kommunikation gehört heute längst der Vergangenheit an. Das eigentümliche Aussehen des Geräts ruft heute höchstens Verwunderung hervor. Der technologische Apparat – früher „pneumatischer Telegraph", später „telegraphische Post" genannt – wurde im August 1872 im „Illustrierten Wiener Extrablatt" erstmals vorgestellt und näher erklärt. Es bestünde aus einer luftdichten Röhre von größerem oder kleinerem Durchmesser, aus einer Vorrichtung, welche die Luft in dieser Röhre entweder verdichtet oder verdünnt und aus einem in die Röhre eingepassten Behälter, der die zu befördernden Pakete beziehungsweise Personen enthält. – Für Wien war im Jahr 1872 und in den weiteren Jahren vorerst geplant, die Pneumatik lediglich in den Dienst des Postwesens und nicht der Personenbeförderung zu stellen.

Die abgebildete Zeichnung gab ein Ausstellungsobjekt wieder, das am ehemaligen Kolowratring Nr. 9 (heute: Stubenring) zu besichtigen war. Der Text widmete sich der praktischen Bedienung der Apparatur: „Bei a werden die abzusendenden Briefkasten ein- und die anlangenden ausgehoben. Die mit b bezeichneten Ventile regulieren den durch den pneumatischen Apparat erzeugten Luftdruck, welcher die Briefkasten befördert, während die mit c beschriebenen Apparate dessen Bewegungseffekt anzeigen.

Mit d, e, f, g, h sind die elektrischen Signalapparate bezeichnet, durch welche der jedesmalige Abgang eines Briefkastens von einer Station, dessen Bestimmungsort, sein Einlangen etc. signalisiert werden.“ – Was das Bild ebenfalls erkennen lässt: Das Gerät dürfte vor allem von Frauen bedient worden sein.
Besonders hingewiesen wurde auf die Vorteile gegenüber herkömmlicher Arten der Postzustellung. Erstens: Der pneumatische Telegraph befördere die Briefe mit der originalen Handschrift, die die Echtheit des Absenders bestätigte. (In Zeiten von gescannten Dokumenten und Schriftstücken, auf denen sogar die handschriftliche Signatur häufig fehlt, ist der Vorteil dieses Umstandes nur mehr schwer nachvollziehbar.) Zweitens: Das Briefgeheimnis werde durch die versiegelten Briefe gewährleistet. Drittens: Auch

Beilagen, wie „Wechsel, Anweisungen, Kurszettel" konnten nun gemeinsam mit der zehnmal rascheren pneumatischen Post verschickt werden.

Als das „Illustrierte Wiener Extrablatt" drei Jahre später ein weiteres Bild mit einer derartigen technischen Apparatur veröffentlichte, gehörte die Pneumatik längst zur Realität des Postverkehrs. Zum Einsatz kamen die Geräte in den Kellerräumlichkeiten der neuerrichteten „Post- und Telegraphencentrale" in der Wipplingerstraße. Besonders einer wirtschaftlich äußerst sensiblen Institution, deren Gebäude sich damals in unmittelbarer Sichtweite befand, brachte die Möglichkeit einer raschen Korrespondenz durch die Pneumatik unglaubliche Vorteile: der Wiener Börse, „da in dieser Richtung schon ein Zeitverlust von nur wenigen Minuten verhängnisvolle Folgen herbeiführen kann."

Das Hauptgebäude der Post- und Telegraphenzentrale in der Wipplingerstraße bildete die „Station Wien I" für sämtliche pneumatische Verbindungen. Neun weitere Stationen lagen 1875 noch allesamt innerhalb des heutigen Gürtels. Fünf Jahre später hatte sich in langen unterirdischen Gängen ein weit vernetztes Transfersystem dieser büchsenartigen Behälter in einer Länge von 15.000 Metern entwickelt und mit der Station „Fünfhaus" bereits die Bezirke außerhalb des Gürtels erreicht.

Heute noch verfügt das österreichische Parlamentsgebäude am Ring über eine auf dem pneumatischen Beförderungsprinzip beruhende Rohrpostanlage, die der internen Kommunikation dient.

29. November 1877

DAS TELEPHON UND SEINE ANWENDUNG

Der Begriff „Ferntöner", der auf der Titelseite des „Illustrierten Wiener Extrablatts" im Zusammenhang mit einer brandneuen Kommunikationsform verwendet wurde, war von den Zeitungsredakteuren lediglich ironisch gemeint. Schon von Beginn an hatte sich für diesen Wunderapparat der Technik der Begriff „Telephon" durchgesetzt und wird auch heute noch verwendet, obwohl die Funktion eines modernen Apparats schon lange nicht mehr der verbalen Kommunikation allein vorbehalten ist.

Ist von den Urzeiten des Telefons die Rede, dann werden in der Regel meist zwei Namen in einem Atemzug genannt, die als die wichtigsten Pioniere in diesem Bereich galten: Johann Philipp Reis (1834–1874) und natürlich der „Vater" der Telefonie par excellence: Alexander Graham Bell (1847–1922). Auch die Legende, ein Erfinder sei dem anderen nur um wenige Minuten bei der Patentanmeldung zuvorgekommen, hält sich hartnäckig. Neben den Legenden gibt es auch die häufig unbekannte Realität, die in diesem Fall ein besonders tragisches Schicksal in sich barg. In Wahrheit soll es Antonio Meucci (1808–1889) gewesen sein, der sich schon weitaus früher als Alexander Graham Bell mit dem Thema „Telefonie" beschäftigt hatte. Nachdem das Patent des italienischstämmigen Erfinders ausgelaufen war, konnte sich Meucci die Gebühren für eine neuerliche

Anmeldung nicht mehr leisten. Damit war der Weg frei für Alexander Graham Bell und seine Patentanmeldung im Jahr 1876. Meucci, der sich im Alter ebenso wie Bell durch üppiges schlohweißes Haupthaar mit beinahe identischem buschigen Vollbart auszeichnete, war wegen seines Bankrotts lange Zeit auf der Liste der Telefon-Pioniere nicht mehr zu finden. Der finanziell besser gestellte Alexander Graham Bell hingegen konnte diese Patentneuanmeldung eindeutig besser verwerten, indem es ihm gelang, innerhalb kürzester Zeit ein atemberaubend dichtes Telefonnetz in ganz Amerika aus dem Boden zu stampfen.
Die Grafik aus dem Jahr 1877 veranschaulicht für den Leser und die Leserin des „Illustrierten Wiener Extrablatts" erstmals, wie Telefonie überhaupt in ihrer technischen Grund-

lage funktionierte: „Der Mann hält, indem er in sein Instrument hineinspricht, zugleich ein anderes ans Ohr, um sofort die Antwort zu vernehmen." – Nicht jede Illustration des „Illustrierten Winer Extrablatts" wurde von redaktionseigenen Zeichnern angefertigt. Immer wieder wurden aktuelle Bilder aus ausländischen Zeitungen, Zeitschriften und Magazinen – oft auch ohne Angabe der Quelle – übernommen. Im vorliegenden Fall erfuhr die Zeichnung eine charmante „Einwienerung", indem die Funktionsweise einer Telefonverbindung von der Post- und Telegraphenzentrale in der Wipplingerstraße aus hinaus in die Bezirke und Vororte der Donaumetropole erklärt wurde. Das amerikanische Original erschien nur wenige Wochen zuvor in der wissenschaftlichen Zeitschrift „Scientific American". Hier waren auf den einzelnen Situationsbildern noch die ursprünglichen New Yorker Vororte „Paterson", „Yonkers", „Newark" und „Industrial" und deren Verbindungen mit der Zentrale im Big Apple zu erkennen gewesen.
Das Telefonieren befand sich im Jahr 1877 weltweit noch in seinen Kinderschuhen. Damals war es zunächst nur möglich, mit der unmittelbaren Umgebung, die nur wenige Kilometer entfernt war, auf diese moderne Art und Weise in Kontakt zu treten. Der prophetische Nachsatz dieser erstmaligen Präsentation eines Telefons ist in heutigen Zeiten nicht nur in Erfüllung gegangen, sondern in ungeahnten Ausmaßen längst übertroffen worden: „Dem Menschengeist wird es indes nicht schwerfallen, diese herrliche Erfindung halb so zu vervollkommnen, dass auch die größten Distanzen keine Schwierigkeiten machen werden."

25. Oktober 1889

DAS GRAPHOPHON IM „CONCORDIA CLUB"

Wie schon der „Ferntöner" war auch der ungelenke Begriff „Stimmaufhebungs-Maschine" ironisch zu verstehen, als eine weitere technische Innovation aus Amerika die europäische Küste erreicht hatte: Das Graphophon – ein Gerät, das Sprache und Stimme aufzeichnen konnte. Neben der Telefonie bildete es im ausgehenden 19. Jahrhundert ein weiteres zukunftsträchtiges Hilfsmittel, von dem die moderne schreibende Zunft in Form des Diktaphons heute noch zehrt. Das dürfte auch dem 1859 gegründeten Presseklub „Concordia" rasch klar gewesen sein, dessen Mitglieder großes Interesse für den neuesten Stand der Technik hegten. In den Räumlichkeiten des Presseklubs in der Wallnerstraße/Ecke Kohlmarkt fand sich im Oktober 1889 eine größere Zahl an Journalisten und Schriftstellern ein, um der exklusiven Vorführung des Graphophons beizuwohnen, das allgemeine Verblüffung und Bewunderung „durch die Genauigkeit und Deutlichkeit, mit der dieser einfache und sinnreiche Apparat die Stimme des Sprechers, die Töne des Sängers, wie die eines Instruments wiedergibt" hervorrufen konnte.

Betrieben wurde diese Sprechmaschine mittels einer Fußpedal-Vorrichtung, die in etwa dem Prinzip der damaligen Antriebstechnik von Nähmaschinen entsprach. Was der Kulturmensch des 21. Jahrhunderts auf dem Bild nicht

mehr wahrnehmen kann, dem kulturell gebildeten Publikum von damals hingegen sicher sofort ins Auge stach, dürfte die große Dichte an Prominenten und Celebrities aus dem Schauspieler- und Sängermilieu gewesen sein, die an dieser Vorführung aktiv teilnahmen und vom Zeichner des „Illustrierten Wiener Extrablatts" der Natur nach wiedergegeben wurden: Margarete Formes, Zerline Gabillon, Konrad Adolf Hallenstein, Olga und Joseph Lewinsky, Georg Müller, Georg Reimers, Marie Renard, Hermann Winkelmann – die Nennung dieser Namen ließ die Herzen eines Kulturpublikums aus dem Jahr 1889 höherschlagen.

Der Burgschauspieler Adolf von Sonnenthal (1834–1909) war gerade dabei, in die Muschel des Graphophons hineinzudeklamieren, um ein Gedicht für die Ewigkeit festzuhalten. Das „Graphophon" verstand sich quasi als technisches „Generikum" zum bereits einige Jahre früher erdachten „Phonographen" des erfinderischen Tausendsassas Thomas Alva Edison (1847–1931) und genoss in den USA einen leidlich guten Ruf. In Österreich hatte sich das Graphophon nicht wirklich durchsetzen können.

25. Jänner 1906

EIN NEUES WUNDER – DAS MULTIPHON WIE MAN ZU HAUSE EINE OPERN-VORSTELLUNG HÖRT

Da technische Neuheiten zu Zeiten des Fin de Siècle wie Pilze aus dem Boden schossen, mussten deren Entwickler alleine schon bei der Namensgebung ihrer neugeschaffenen Produkte viel Erfindergeist beweisen, um die Flut an Patenten von häufig ähnlich funktionierenden technischen Errungenschaften unterscheidbar zu machen. Aus dieser Not heraus mag auch der tugendhafte Name „Multiphon" entstanden sein.

In Budapest war es Anfang des 20. Jahrhunderts schon möglich, sich per Standleitung Live-Vorstellungen aus dem Opernhaus in die Wohnzimmer der Privathaushalte liefern zu lassen. Allerdings blieb dieses System auf Basis einer normalen Telefonleitung beschränkt – der „Hörgenuss", über einen größeren Schalltrichter wiedergegeben, bestand deswegen mehr aus einem Krächzen und Kratzen in der Leitung.

Diese enorme Qualitätseinschränkung änderte sich rasant mit dem Aufkommen des „Multiphons", das wie so viele andere Erfindungen aus dem „Land der unbegrenzten Möglichkeiten" stammte. Ab nun konnten „Töne und Gespräche in ziemlich großer Entfernung vom Apparat klar und deutlich" vernommen werden. Im Grunde genom-

men war das „Multiphon“ nichts anderes als die Erfindung einer Apparatur, die heute längst unter der bescheideneren Bezeichnung „Lautsprecher“ bekannt ist. Den größten Unterschied zum bereits etablierten Grammophon stellte die Simultanität eines Hörerlebnisses dar, etwa eine Live-Übertragung aus einem Theater oder einem Konzertsaal. Aber auch für das moderne Arbeitsleben bot das „Multiphon“ völlig neue Möglichkeiten, wenn die Sekretärin nicht mehr ins Chefzimmer gebeten werden musste, um das tägliche Diktat entgegenzunehmen.

Das Aussehen der Kopfhörer, welche die Schreibmaschine tippende Dame auf dem Bild trägt, hat sich bis zum heutigen Tag nicht sehr verändert.

Einen sehr gewagten Wunsch in Richtung Zukunft erlaubte sich der Autor des das Bild ergänzenden Artikels an die Erfindergemeinde des frühen 20. Jahrhunderts zu richten: ob es nicht etwa in Zukunft einmal möglich sein könnte, „dass auch Gesichtseindrücke auf elektrischem Wege in die Ferne werden geleitet werden können; dann wird man sich aus seinem Zimmer gar nicht mehr entfernen müssen, um einer vollständigen Theatervorstellung beizuwohnen.“

4. Jänner 1921

DAS LAUT SPRECHENDE TELEPHON IM PARLAMENT UND IM EISENBAHNBETRIEBE

Die Weiterentwicklung in Sachen Beschallung setzte sich auch in den nächsten Jahren fort. Da der Wirkungskreis eines „Multiphons" sich auf höchstens wenige Quadratmeter Privatraum beziehungsweise auf die Ohren des Benützers beschränkte, war man bestrebt, den Schall auf immer weitere und breitere Räume, wie sie etwa in öffentlichen Bereichen und großen Institutionen zu finden sind, auszudehnen. Da der Telefonapparat als „Urmutter" auf dem Gebiet der modernen technischen Kommunikation galt, wurden die ersten funktionstüchtigen Geräte, die eine breitere Beschallung ermöglichten, noch als „laut sprechendes Telefon" tituliert.

Um diese Geräte zum Klingen zu bringen, musste man physisch umsatteln. Beruhten technische Neuerungen der letzten Jahrzehnte, wie Morseapparate und Telefonmembrane noch auf elektromagnetischen Vorgängen, so konnten nun durch die Ausnützung von statischer Anziehung und Abstoßung in der Elektrotechnik völlig neue technische Wege beschritten werden. Auch ohne Verwendung eines Elektromagnets war es möglich, starke Anziehungskräfte auszulösen. Mittels Elektronik konnten sogenannte Wandler oder „Umsetzer" auch zur Umsetzung in Schall, Licht oder Bewegung verwendet werden. Um sich aber nicht in

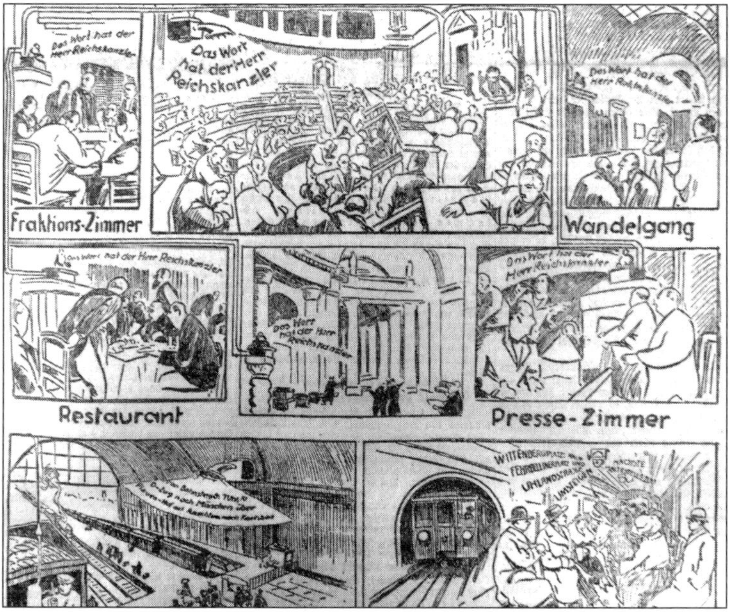

komplizierten technischen Details zu verlieren, soll hier gleich zur praktischen Anwendung des „laut sprechenden Telefons“ geschritten werden: Im Parlamentsbetrieb zum Beispiel wurde diese technische Neuerung recht früh eingesetzt: „Der Präsident flüstert ganz leise in seinen Tischapparat die Ankündigung, dass der Reichskanzler das Wort habe. Im selben Moment wird das Wort des Präsidenten in allen Räumen des Parlamentsgebäudes deutlich vernommen.“ – Auch die Lautsprecher-Durchsagen auf größeren Bahnsteigen nahmen mit dieser technischen Errungenschaft ihren Anfang. Ob sich die Qualität der heutigen Durchsagen betreffend ihrer Verständlichkeit von jenen der damaligen Zeit unterscheidet, muss von Fall zu Fall diskutiert werden.

13. Februar 1923

DAS DRAHTLOSE TELEPHON IM AUTOTAXI

Ab 1923 nahm eine Entwicklung ihren Anfang, die im Laufe der nächsten Jahre und Jahrzehnte nicht nur die Welt, sondern auch die Menschheit nachhaltig und für immer veränderte. In diesem Jahr konnte das „drahtlose Telephon" auf allen Wellenlängen besonders reüssieren und medial Aufsehen erregen. Unter dem Namen „Radio" ging es bald darauf als erstes taugliches Massenmedium in die Geschichte ein. Um den Empfang mittels drahtlosem Funk zu ermöglichen, kam ein rautenförmiger vierarmiger Metallrahmen zum Einsatz, der als Antenne diente.

Das „Illustrierte Wiener Extrablatt" hatte für solche technischen Faxen nicht gerade viel übrig. Es sah in der Vermittlung dieser drahtlosen medialen Beschallung lediglich eine Epidemie, einen Modeirrsinn des Publikums und vor allem die „neueste Laune exzentrischer Amerikaner". Von journalistischem Kopfschütteln begleitet, präsentierte die Zeitung auf dem Titelblatt innerhalb weniger Wochen die unterschiedlichsten und – für damalige Verhältnisse – verrücktesten Orte, wo dieser rautenartige Rahmen zum Empfangen von Schallwellen schon wieder gesichtet worden war und stellte dem Leserpublikum (oder vielleicht sich selbst) die Frage: „Wann aber kommt die nächste epochale Erfindung, nämlich ein Apparat, der einen davor

schützt, immer und überall radiotelephonisch angedudelt und angestrudelt zu werden?"
Die Entwicklungen im Bereich der „Radiophonie", die im Februar 1923 medial verstärkt ihren Ausgang genommen hatten, bildeten aber erst die Spitze des Eisbergs der folgenden Wochen, Monate und Jahre. Schon bald konnten Passagiere einer New Yorker Untergrundbahn vor einer Empfänger-Raute, wie um ein loderndes Lagerfeuer herumsitzend, ein Radiokonzert mitverfolgen. Bevor diese öffentliche technische Beschallung schon bald in amerikanischen Eisenbahnzügen und in Überlandbussen recht rasch zur Selbstverständlichkeit wurde, bot ein modern

denkender Taxichauffeur seinen Fahrgästen dieses radiophone Vergnügen, ohne dabei einen Aufpreis für das Zusatzangebot zu verlangen, worauf in einem Bildbericht vom Februar 1923 extra hingewiesen wurde. – Dass ein Taxi mit einem Radio ausgestattet auch einige Jahre später noch als Kuriosum verkauft werden konnte, bewies das „Illustrierte Wiener Extrablatt“ im Jahr 1928, als dieselbe Geschichte in Wort und Bild ein weiteres Mal auf der Titelseite präsentiert wurde.

Der Siegeszug der Radiophonie hatte jedenfalls ihren Anfang genommen. Nach wenigen weiteren „exzentrischen“ Versuchen, wie etwa die rautenartige Antenne auf dem Sattel eines Pferdes zu montieren, trat nach der ersten verspielten Euphorie auch auf diesem Sektor allmählich Normalität ein. Mit der Gründung der „Radio Verkehrs AG“ (RAVAG) konnte sich im Herbst 1924 die Radiophonie und -euphorie auch offiziell in Österreich etablieren.

11. April 1924

DIE RADIOMODE

Beinahe wie um das Vorurteil Lügen zu strafen, alles Neue und Exzentrische käme aus Amerika, präsentierte das „Illustrierte Wiener Extrablatt“ einen Fall von radiophoner Exzentrik aus dem hohen Norden. In Deutschland wurde ein Schmuckstück in Form eines Ohranhängers entwickelt, dessen Funktion sich aber nicht auf den dekorativen Zweck beschränkte, sondern gleichzeitig die Funktion einer Miniatur-Rahmenantenne ausübte. Ein winziger Detektor und der dazugehörende „Hörapparat“ wurden dabei durch das Haupthaar bedeckt. Dieses Gerät sei sogar in der Lage gewesen, Radiosendungen in bis zu 25 Kilometer Entfernung empfangen zu können. Die illustrierte Meldung über eine weitere „Narrheit“ hatte ihren Ursprung tatsächlich in Amerika. Eine New Yorkerin genießt ihr Entspannungsbad, während sie sich mittels Radioempfänger, der auf einem erhöhten Tischchen unweit der Wanne thronte, die Badezeit verkürzte. Eine etwaige ver-

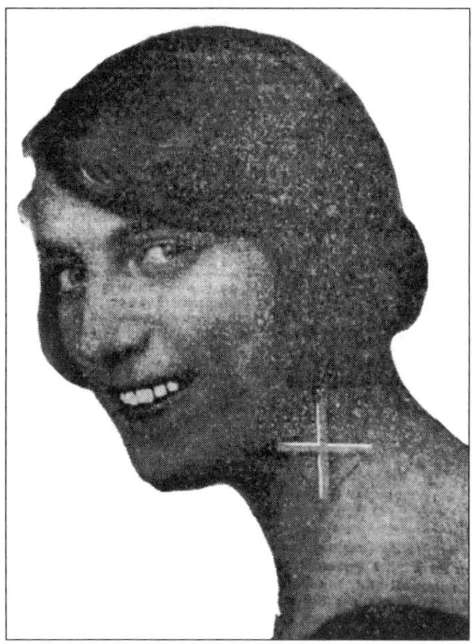

ringerte Lebenszeit drohte der jungen Dame Gott sei Dank nicht, weil das einzige Kabel, das vom Radiogerät ausging, den Kopfhörern vorbehalten war. Da Anfang der 1920er-Jahre die meisten Haushalte noch nicht über elektrische Anschlüsse verfügten, wurden die Radiogeräte mit Batterien betrieben. Auf diese Weise blieb der medial perfekt ausgestatteten Badenixe eine „Scheidung auf italienisch“ erspart, falls das Gerät eventuell durch Ungeschicklichkeit des Ehemannes in die volle Wanne gekippt wäre.

3. Februar 1886

PREISFRISUREN VOM WIENER FRISURKONGRESS

Die Pflege des Körpers beschränkte sich natürlich nicht nur auf Schönheitsbäder mit radiophoner Musikberieselung, sondern setzte sich in den zahlreichen Mode- und Friseursalons fort. Davon hatte die Stadt Wien am Ende des 19. Jahrhunderts schon eine beachtliche Menge aufzuweisen. Die neuesten Trends im Bereich der Haarmode, die vom Wiener Frisurenkongress und seinen Preisfrisuren ausgingen, zeigte das „Illustrierte Extrablatt" über mehrere Jahre hinweg, von 1886–1889, auf seiner Titelseite. Und zwar immer zum Höhepunkt der Faschingszeit in den Monaten Jänner und Februar.

Dem jeweiligen Anlass entsprechend, wurde beim Preisfrisieren streng zwischen drei Kategorien, eingeteilt in Theater-, Promenade- und Soiréefrisur, unterschieden. Die Friseure „komponierten" regelrecht die Haarpracht der Damen und legten besonderen Wert darauf, dafür nur den natürlichen Kopfschmuck in ihre kunstvollen Kreationen einfließen zu lassen. Auf dem Titelblatt konnte der Leser, aber vor allem die Leserin, die neuesten modischen Details in Sachen Frisur von vorne, von hinten und von der Seite bewundern. Schon damals war man sich der Überzeugungskraft von Testimonials bewusst, um die neue Friseur noch besser an die Frau bringen zu können. Sehr hoch im Kurs standen daher Frisuren, die zum Beispiel nach hiesi-

gen Hoheiten benannt wurden, wie die „Kaiserin Elisabeth-Frisur" und die „Kronprinzessin Stephanie-Frisur". Aber auch Monarchinnen aus dem nahen Ausland mussten ihren Kopf für Werbezwecke herhalten, wie die damalige deutsche Kaiserin Augusta und die Königin Margherita in Italien. Aber auch die „Vindobona-" und die „Directoire-Frisur" fanden im Jahr 1889 ihr interessiertes Publikum. Mit der „Directoire"-Frisur wollten die Haarmacher dem gleichnamigen Kunst- und Modestil, der sich zirka hundert Jahre vorher während des französischen Direktoriums (1795–1799) großer Beliebtheit erfreute, die Reverenz erweisen.

Bei Betrachtung der Frisuren muss nicht nur den kreativen Haarkünstlern höchster Respekt gezollt werden, sondern auch dem Illustrator, der mit unglaublicher Geschicklichkeit diese vielen komplizierten Feinheiten zeichnerisch festhielt, sodass sie mittels Xylographie auf Zeitungspapier reproduziert werden konnten.

6. Jänner 1878

EIN PREISFRISIEREN IN WIEN

Wie ein derartiges Preisfrisieren überhaupt vor sich gegangen ist, darüber informierte das „Illustrierte Wiener Extrablatt" seine Leserschaft im Jänner 1878. Zu dieser Zeit lag das geordnete Berufsfeld der Friseure und Barbiere in Wien noch ziemlich im Argen. Denn nicht alle Friseure genossen ihre Ausbildung beim seriösen, wohlorganisierten Wiener Friseurverein, sondern waren häufig nur rein angelernte Kräfte. Als im Jahr 1878 in den Gewölben der „Schottenhammer'schen Bierhalle", einem Souterrainlokal, das offizielle Preisfrisieren des ersten Jahrgangs des Friseurvereins über die Bühne ging, sprach die beeindruckend niedrige Zahl von 18 Kursbesuchern mehr als Bände. Die Teilnehmer stellten sich dafür umso motivierter der kunstfertigen Herausforderung, eine Frisur innerhalb von 50 Minuten fertigzustellen. Für die drei besten Ergebnisse regnete es jeweils Gold, Silber und Bronze. (Abb. S. 41)
Nach wenigen Jahren eilte dem Friseurverein bereits ein äußerst guter Ruf voraus. Das Preisfrisieren während des Friseurkongresses im Jahr 1885 wurde in den noblen Blumensälen der Wiener Gartenbau-Gesellschaft abgehalten. Wien konnte nun auch als „tonangebende Stadt für die Mode in Frisuren" punkten. Der Friseurverein nannte bereits ein eigenes Souterrainlokal am Schottenring/Ecke

Heßgasse sein Eigen. Jedermann, der den Wunsch hegte, sich gratis eine neue Frisur machen und den Bart schneiden zu lassen, war an dieser Adresse willkommen. Allerdings musste der Klient das Risiko auf sich nehmen, wegen der Unerfahrenheit so mancher Lehrlinge zum lebendigen Versuchskaninchen zu mutieren. Einem Klienten aus der sozialen Unterschicht dürfte dies nicht allzu viel ausgemacht haben: „Für den armen Teufel, dessen Gesicht einem Stoppelfeld gleicht und der nach Wasser und Seife lechzt, ist die Friseurfachschule eine in ihrem wohltätigen Einfluss nicht zu unterschätzende Humanitätsanstalt, denn er kann die zehn Kreuzer, die er erspart hat, für Nahrung und Kleidung verwenden. Und in der Bilanz eines Armen spielen zehn Kreuzer oft eine sehr große Rolle".

25. September 1909

WIE EIN MODERNER DAMENHUT GEBAUT WIRD

Neben der natürlichen Haarpracht spielte auch der künstliche Kopfschmuck in Form von Hüten eine nicht unwesentliche Rolle im Schönheitsdenken des modernen Menschen. Um die Wende vom 19. zum 20. Jahrhundert mutierte die Kopfbedeckung zum modischen Muss, die die einst pragmatischen Argumente für einen Hut – Schutz vor Wind und Wetter oder die Zurschaustellung von Statussymbolen – auf die hinteren Plätze verwies. So manche ausladende, breitkrempige Kreation, die das Haupt überwucherte, muss schlicht und einfach als atemberaubende Inszenierung bezeichnet werden. Die Auswahl und die Produktion eines Hutes geriet im ersten Jahrzehnt des 20. Jahrhunderts dabei immer mehr zu einem ausgeklügelten und zeitraubenden Unterfangen und nahm schließlich eine Dimension an, dass es letztlich nur mehr jenen Frauen, die es sich sowohl finanziell als auch zeitlich leisten konnten, vorbehalten war, sich auf derartige Hutabenteuer-Projekte einzulassen. Der Höhepunkt einer derartigen Exzentrik wurde in Form einer Karikatur wiedergegeben, die sich über die Prozedur einer solchen Serviceleistung lustig macht: Mehrere Modistinnen gleichzeitig kümmern sich um das Anpassen eines Hutes, als würde sich eine gut organisierte Service-Mannschaft an einer amerikanischen Tankstelle um das individuelle Wohl des Autos (und dessen Besitzers) bemühen.

Diese ironisch-zeichnerische Wiedergabe eines Hut-Services hatte aber durchaus seine reale Entsprechung. Tatsächlich arbeiteten in so manchen New Yorker Hut-Salons bis zu einem Dutzend Modistinnen gleichzeitig am Aufbau einer derartigen Hutmontur. Jeder einzelnen Modistin war ein bestimmter Aufgabenbereich zugewiesen, der von der

„Balance-Verantwortlichen“ bis hin zur Auswahl des passenden Farbtons reichte: „Nachdem die Form ausgewählt ist, werden Versuche mit den verschiedensten Stoffen, Bändern, Federn, etc. gemacht, die auf dem Hut befestigt werden, bis er ganz der Eigenart des Gesichtes angepasst ist.“

10. April 1910

NEUESTE MODE

Einige besonders modisch gemeinte Sommerhutkreationen waren von so mancher Spottdrossel als „Vogelnest" bezeichnet worden und oft könnten diese Kopfbedeckungen durch den echt wirkenden Obstschmuck auf das lebendige Federvieh anziehender gewirkt haben, als auf deren menschlichen Artgenossen. Den absoluten Vogel hingegen schoss ein wahres Monument an Hut ab, das rechtzeitig zur Osterzeit eine modebewusste Dame vor einem Spiegel zeigte, auf deren Kopfschmuck eine ganze Geflügelfarm prangte. Das Bild legte es allerdings weniger darauf an, die nahende Osterzeit in Erinnerung zu rufen, als damit auf einen kulturellen Modeknüller aus dem Theaterbereich hinzuweisen, der sowohl in Europa als auch in den USA auf sämtlichen Bühnen große Erfolge feierte. Es handelte sich um das populäre Theaterstück „Chantecler" des Neuromantikers Edmond de Rostand (1868–1918), dessen „Cyrano de Bergerac" der einzige Grund geblieben ist, warum der französische Dramatiker in heutigen Tagen noch ein Begriff ist.

Eine altfranzösische Tierfabel diente dem Theaterstück „Chantecler" dabei als Vorlage. Protagonist ist ein Hahn gleichen Namens, der fest daran glaubt, die Sonne würde nur wegen seines Krähens aufgehen. Premiere feierte „Chantecler" am 7. Februar 1910 im Théâtre de la Porte Saint Martin in Paris. Kurz darauf brachte das Stück auch in den USA die Theaterkassen zum Klingeln.

Das Bild aus der neuesten Ausgabe von „The World Magazine", das vom „Illustrierten Wiener Extrablatt" übernommen worden war, zeigt die Hutträgerin, die mit ihrer „Hut-Inszenierung" mehr oder weniger freiwillig in den Mittelpunkt eines New Yorker Festes rückte: „Auf dem Hut hat nicht nur ein mächtiger Hahn seinen Platz, sondern auch mehrere Küchlein blicken neugierig über den Rand, um die Flut von Locken zu bewundern, die den kühnen Bau zu tragen haben."

18. April 1909

DAMENHUTMODE 1909

Der Damenhutmode zu Beginn des 20. Jahrhunderts, der im wahrsten Sinne des Wortes immer breiterer Raum gewidmet wurde, konnten die Kritiker offensichtlich nur mehr mit blanker Ironie beikommen. War das Bild mit der Hut kreierenden Modistinnen-Armee in Liliputgröße noch eine Reproduktion aus einer amerikanischen Zeitschrift, entwickelte das „Illustrierte Wiener Extrablatt" seinen eigenen österreichisch-wienerischen Charme, um über so manche Hut-Extremität der damaligen Zeit zu spotten. In der Mitte des Bildes prangt auf dem Haupt einer jungen Frau der „Rotundenhut", in Form der Kuppel jenes Gebäude-Glanzstücks, das zum Symbol der Wiener Weltausstellung im Jahr 1873 geworden war. Um eine weitere Kopfbedeckung, den „Bienenkorb"-Hut, schwärmten nicht nur Flügeladjutanten der k. u. k. Armee, sondern auch andere soldatische Galane, um das modebewusste „süße Wiener Mädel" zu umwerben. Auch zwei Gebrauchsutensilien, die aus dem damaligen Stadtbild nicht wegzudenken waren, durften als moderne Kopfbedeckung nicht fehlen: Der „Semmelkorb" des Bäckerbuben und die verkehrte „Obstbutte", der Tragekorb der Marktfrauen, mit dem sie sich auf dem Wiener Naschmarkt präsentierten, als sich diese Institution noch auf den Verkauf von Obst und Gemüse konzentrierte. Auch die breitkrempige Kuppel des im Jahr 1897

geschaffenen Wiener Secessions-Gebäudes, von der hiesigen Bevölkerung liebevoll-rustikal „Krauthappel" genannt, diente als Kopfschmuck und Regenschutz für die Wienerin.

6. Jänner 1921

DIE HÄSSLICHSTE FRAU DER WELTGESCHICHTE

Edmond de Rostands Protagonist „Cyrano de Bergerac", der Edelmann mit der langen Nase, litt zeit seines Leben darunter, nicht dem männlichen Schönheitsideal zu entsprechen. Was aber wirklich „hässlich" bedeuten kann, das machte eine Illustration aus dem Jahr 1921 ersichtlich, die die angeblich „hässlichste Frau der Weltgeschichte" zeigte. Die drastische Darstellung überzeugte. Was das Auge eines sensiblen Betrachters möglicherweise sehr schmerzte, stellte für die Kunstwelt und für die österreichische Geschichte eine kleine Sensation dar. Das Bild war in der Gemäldegalerie des Schlosses Windsor aufgetaucht und war angeblich das Porträt der berühmt-berüchtigten Tiroler und Kärntner Gräfin Margarete Maultasch (1318–1369).

Die Bezeichnung „Maultasch" war ein Beiname, den man der Gräfin verpasst hatte. In Lexika ist sie selbstverständlich unter „Margarete" zu suchen. Zurückzuführen soll der wenig charmante Namenszusatz auf ihren Mund sein, der die Form einer riesigen Tasche gehabt habe. Womit gleichzeitig auch der bis heute anhaltende Ruf ihrer Hässlichkeit begründet wurde. Zwar wurde die Gräfin von ihren zeitgenössischen Chronisten noch als besonders schön bezeichnet, dürfte aber wegen ihrer zweiten Ehe einem frühen „Shitstorm" zum Opfer gefallen sein. Sie wurde als „mere-

trix“, als „Hure“, verleumdet, woraus sich auch ihr späterer Beiname entwickelt haben soll.

Ihre erste Ehe musste die Tochter und Erbin des Herzogs Heinrich von Kärnten und Tirol bereits im Alter von zwölf Jahren mit dem gar um drei Jahre jüngeren Johann Heinrich, dem Sohn König Johanns von Böhmen, eingehen. Nach elfjähriger Ehe trennte sich die inzwischen 23-Jährige von ihrem 20 Jahre jungen Ehemann und heiratete den Markgrafen Ludwig von Brandenburg aus der Wittelsbacher Linie.

Auch für die Wiener Stadtgeschichte soll Margarete Maultasch eine äußerst bedeutende Rolle gespielt haben. Die Bezeichnung des fünften Wiener Gemeindebezirks „Margareten“ sei auf ihren Namen zurückzuführen, heißt es. Denn nach dem Tod ihres zweiten Gatten und ihres Sohnes bewohnte die Gräfin ab 1363 den sogenannten Margaretner Gutshof. Später zu einem Schloss ausgebaut, befand sich dieser Witwensitz im Bereich der heutigen Schlossgasse und des Margaretenplatzes. An der Stelle des ehemaligen Schlosses steht heute eines der architektonisch beeindruckendsten Gebäude des Bezirks – der Margaretenhof.

26. Mai 1903

„DER SCHÖNSTE MANN VON WIEN"

Dass in Österreich aber auch äußerst schöne Menschen zu finden waren, beweist das Bild eines Mannes aus dem Mai 1903. Zumindest titelte das „Illustrierte Wiener Extrablatt" auf der ersten Seite mit den vielversprechenden Worten: „Der schönste Mann von Wien." – Die Anführungszeichen sollten womöglich die subjektive Aussage dieser Schlagzeile betonen. Auch der Bildtext versucht die eigene Schlagzeile recht rasch zu relativieren: Es handle sich bei dem Sieger der „Männerschönheits-Concurrenz" beim „Grünen Thor" nicht unbedingt um den schönsten Mann Wiens, sondern lediglich um den schönsten, der aus den – immerhin – 73 Teilnehmern hervorgegangen war.

Besonders augenfällig an diesem Titelbild ist der Verzicht auf eine gezeichnete Illustration und der Einsatz einer Fotografie. Dem Leser und der Leserin sollte womöglich die Authentizität der Schönheit dieses jungen Mannes bewiesen werden. Ansonsten blieb in diesen Jahren eine fotografische Aufnahme auf der Titelseite weiterhin die absolute Ausnahme.

Um den interessierten Leser nicht im Ungewissen zu lassen, was den Ausschlag dafür gegeben hatte, warum ausgerechnet der gerade erst 20-jährige Raimund Walter und nicht die anderen 72 Kandidaten für diesen besondere Ehrentitel auserkoren worden war, verrät der Bildtext: „Glückliche

Naturanlagen, gewiss auch eine rationelle Lebensweise und gesunde sportliche Übungen haben sich vereinigt, um die Gestalt des Herrn Raimund Walter zu einer wohlgefälligen Erscheinung zu machen, die den künstlerischen Anforderungen an männliche Schönheit nahekommt."

30. April 1885

DAS WUNDER VON GRAZ

Vielleicht hätte es diese hübsche Dame sogar zur schönsten Frau von Graz geschafft. Allerdings dürfte der Vollbart, der stolz und selbstbewusst zur Schau getragen wurde, dem gängigen Schönheitsideal der damaligen Zeit im Wege gestanden sein. Nichtsdestotrotz wurde die junge Dame

mit dem fragwürdig poetischen Namen „Berthilde", wie sie im eleganten und schmucken Kleid vom Zeichner des „Illustrierten Wiener Extrablatts" wiedergegeben worden war, als „Muster von weiblicher Anmut und männlicher Intelligenz" beschrieben.
Nachdem „Fräulein Berthilde" längere Zeit in einem Innsbrucker Kaffeehaus als Kellnerin ihren Dienst versehen hatte, übersiedelte sie nach Graz, wo sie aufgrund ihrer „gefälligen Umgangsweise der Liebling der Grazer und auch der Grazerinnen" wurde. Während die österreichischen Provinzstädte sich in früher Toleranz übten, blieb der jungen Frau die Stadt Wien als Arbeitgeberin weiterhin verschlossen. Nicht etwa deswegen, weil die Wiener Bevölkerung ein Problem mit einer Frau mit Bartwuchs gehabt hätte, nein – der Grund war der verstaubte Paragraf eines Gesetzes, der nur männlichen Personen erlaubte, den Beruf des Kellners auszuüben. Einzig und allein die Sitzkassierin hatte sich einen sichtbaren Arbeitsplatz im Kaffeehaus erobern können, um das männliche Personal zu unterstützen. Und genau diesen Beruf wollte das 26-jährige „Fräulein Berthilde" ergreifen, wie der Artikel vermeldete.

23. April 1896

DER BALL DER MISSGEBURTEN

Wie rasch vordergründig komische Kuriositäten, die das damalige – und wohl auch das heutige – Lesepublikum gleichermaßen erheiterten, in tragische soziale Umstände kippen können, die alles andere als lustig sind, sollen die nächsten Bilder aus dem „Illustrierten Wiener Extrablatt" veranschaulichen.

Die „Dame mit Bart" als fixes Mitglied einer Schaustellertruppe hatte damals Tradition. Allerdings wurde ihr zumeist ein völlig anderer Stellenwert zugebilligt als dem beinahe als anmutig zu bezeichnenden „Fräulein Berthilde", das sich in einem durchaus als seriös geltenden Brotberuf ihren Lebensunterhalt verdienen konnte. Die klassische „Dame mit Bart" hingegen agierte zumeist als fixes Ensemblemitglied einer größeren Truppe von Personen, die im Jahrmarkt- und Schaustellergewerbe ihr Brot verdienen musste. Wichtigste Voraussetzung: Mit ihrem Aussehen, bedingt durch körperliche Handicaps, unterschieden sie sich vom „normalen" Durchschnittsbürger. Sowohl die englische Bezeichnung „freak" als auch der deutsche Ausdruck „Missgeburt" widerspiegeln den menschenunwürdigen Stellenwert, den diese Personen in der Gesellschaft einnahmen. Mit ihrem Impresario befanden sich derartige Truppen stets auf Tournee, um im Rahmen von Zirkussen, Jahrmärkten und speziellen Ausstellungen für eine –

zumindest aus heutiger Sicht – äußerst fragwürdige Unterhaltung zu sorgen, und einem offenbar an Sensationen unterforderten Publikum das Schaudern zu lehren.
Bei dieser Veranstaltung in der New Irving Hall in New York konnte sich der anwesende Zeichner nach Herzenslust künstlerisch austoben, ob es sich um die Wiedergabe des „lebenden Skeletts“ handelte, das mit der „Zwergendame“ tanzte, um das rotäugige „Fräulein Weiskopf“, das mit dem „Tätowierten“ seine Runden drehte oder um andere Personen mit ungewöhnlichem Aussehen, wie der „junge Mann, der von Indianern furchtbar zugerichtet worden ist“ und

der „Ölmensch, ein besonders abnormer Mensch, der die Fähigkeit hat, zu schwitzen, so oft er will".

Auch von „in der Rotunde ausgestellten menschlichen Kuriositäten" berichtete die Zeitung Anfang Dezember 1900 mit einigen illustrativen Beispielen auf ihrer Titelseite. Die „Dame mit Bart" zählte wieder zu den Hauptattraktionen, neben „Jo-Jo, dem Pudelmenschen" oder dem Nadelkönig namens Maxey, „der eine ganze Menge Nähnadeln" verschlucken konnte. Als „eine der merkwürdigsten Abnormitäten der Welt" wird der „Hindu-Indier Lalloo" bezeichnet, „dem ein zweiter, und zwar weiblicher Körper aus der Brust herausgewachsen war". Dass auch ein ganz „normaler" menschlicher Schnellrechner diese Truppe komplettierte, könnte beinahe schon wieder als eigene Kuriosität verstanden werden.

Auch wenn sich die meisten zur Schau gestellten Personen wegen ihrer körperlichen Defekte nur unfreiwillig einer gaffenden Menschenmenge aussetzten, dürfte es ihnen bei dem Unternehmen „Barnum und Bailey" – auf die damaligen Verhältnisse umgerechnet – sozial und finanziell nicht allzu schlecht ergangen sein, weil gerade für Menschen mit sichtbaren Handicaps nur wenige Möglichkeiten bestanden, sich ihr Auskommen zu sichern. Diese – relativ – gute soziale Situation geriet plötzlich in Gefahr, als sich die Firma „Barnum und Bailey" aus dem Showbusiness zurückzog und die komplette Belegschaft dem Zirkus Bosworth überließ. Der neue Betreiber dürfte die Arbeitsbedingungen seiner Angestellten in eine derartig menschenunwürdige Richtung getrieben haben, dass sich die Mitglieder der Truppe zu einem Aufsehen erregenden Streik entschlossen. Diese

Aktion mündete wiederum in einem eigenen Titelbild, was dem „Illustrierten Wiener Extrablatt" (und nicht nur diesem) eine gute Gelegenheit bot, das gesamte menschliche Kuriositätenkabinett wiederum vor einer breiten Lesergemeinde aufmarschieren zu lassen. Auch der Wortlaut der Resolution wurde auf der ersten Seite veröffentlicht: „Alle hier versammelten Abnormitäten sind zur Erkenntnis gekommen, dass Direktor Bosworth sie in unzulänglicher Weise bezahle. Da die bisherigen Klagen und Forderungen auf erhöhte Gage ohne Erfolg geblieben sind, so beschließt die Versammlung in den allgemeinen Streik einzutreten und sich nicht mehr der öffentlichen Schaustellung zu widmen, bis Direktor Bosworth die Forderungen bewilligt." – Im Blattinneren zeigte das „Illustrierte Wiener Extrablatt" in einem längeren Artikel anfangs viel Verständnis für die Streikenden, kippte aber schon bald in einen nicht sehr ernsthaften Schreibmodus, der lediglich oberflächlichen Witz, aber nicht das seriöse Anliegen der Betroffenen zum Ziel hatte: „Die Missgeburten waren zum Äußersten entschlossen. Der Skelettmensch erklärte, er werde sich satt essen, wenn der Direktor nicht aufhören werde, Hungerlöhne zu zahlen. Einige gute Mahlzeiten und der Zirkus hat seinen Skelettmenschen verloren. Um es kurz zu sagen, der magerste Mensch der Welt drohte mit einer Mastkur, der dickste Mensch mit einer Entfettungskur, die Dame mit dem Vollbart kündigte, falls der Direktor nicht nachgibt, das Erscheinen eines Raseurs an und die zusammengewachsenen Zwillinge waren entschlossen sich voneinander scheiden zu lassen." – Zumindest der Streik hatte ein gutes Ende genommen: Der Direktor bewilligte letztlich die gestellten Forderungen.

15. Oktober 1896

ASCHANTINEGER VOR EINEM WIENER GERICHT

So manche heute gesetzlich geregelte politisch korrekte Etikette wäre vielleicht nicht notwendig, wenn der gesunde Menschenverstand sich nicht so derartig häufig in einem Leerlauf-Modus befände. Feindlichkeit, sprich: Angst und Unsicherheit Unbekanntem gegenüber – ob es sich um körperliche oder geistige Handicaps oder um Personen aus fremden Kulturkreisen handelte – davon war auch das Fin de Siécle in Wien geprägt. Dazu zählte auch der Umgang mit Menschen anderer Hautfarbe.

„Sensation vor Menschenwürde" lautete offensichtlich das Motto des „Illustrierten Wiener Extrablatts", als eine Schwarzafrikanerin, „nur mit einem lose um den Körper geschlungenen buntfärbigen Tuch bekleidet", gemeinsam mit ihrem Mann, einem Stammeshäuptling vor Gericht erschien. Seit geraumer Zeit „residierten" die beiden und deren Stammesangehörige als „Gäste" im Tiergarten am Schüttel. Diese Institution wurde 1863 von Graf August Breuner und dem Mäzen Johann Wilczek (1837–1922) als private Vereinigung gegründet. Tiere gab es auf diesem Gelände, das sich im Bereich des Praters befand, allerdings nur sehr kurze Zeit. Bereits 1866 musste der Tiergarten geschlossen werden und auch weitere Wiederbelebungsversuche schlugen fehl. So kam man schließlich auf die Idee, statt einer Schau von lebendigen Tieren eine Schau von lebendigen Menschen einzurichten. Begonnen wurde 1895 mit „Zulu-Kaffern“, ein Jahr später folgte der afrikanische Stamm der „Aschanti-Neger“.

Während dieser fragwürdigen „Ausstellung“ kam es zu einem unangenehmen Zwischenfall: „Eine Gasthauskassiererin glaubte ihr ethnographisches Interesse bei Besichtigung der Negertruppe gar zu eifrig bekunden zu müssen. Sie betastete nämlich rückwärts die in ihrer Hütte gerade mit dem Zerstoßen von Erdäpfeln beschäftigte Negerin, was diese erschreckte und erboste.“ – Die Afrikanerin fügte

der jungen Frau einen leichten Kratzer im Gesicht zu. Diese hatte offensichtlich Grund zur Klage und ging vor Gericht. Besonders schwierig gestaltete sich allerdings die Kommunikation zwischen den Richtern und der Angeklagten, da es keinen Dolmetscher gab und der Häuptling nur schlechtes Englisch sprach. Die auf zwei Tage angesetzte Verhandlung endete mit einem Freispruch, nachdem die Anklägerin der Angeklagten verziehen hatte.

Den „Aschanti-Negern" folgten im Tiergarten noch weitere Präsentationen von Menschen: die „Senegambier" (1898), die „Kabylen" (1899) und die „Beduinen" (1900). Erst danach fand dieses menschenunwürdige Treiben sein endgültiges Aus.

Das Wort „Neger" hatte in der damaligen Tagespresse noch einen Stellenwert, bei dem sich ein Redakteur des Jahres 1896 keineswegs etwas Böses gedacht hätte. Ebenso wie es ihm nie im Leben in den Sinn gekommen wäre, Frauen könnte in Zukunft das Wahlrecht zugesprochen werden. Wenige Jahre später brachte das „Illustrierte Wiener Extrablatt" ein weiteres Kuriosum im Zusammenhang mit einem Schwarzafrikaner auf die Titelseite, als auf „die Hochzeit eines Negers in Wien" aufmerksam gemacht wurde. Der Bräutigam Abdullah Mohammed stand im Dienst des Fürsten Heinrich Liechtenstein. 17 Jahre zuvor hatte der Fürst den Zehnjährigen während einer Löwenjagd in Afrika entdeckt und nach Wien gebracht. – Nun heiratete der zum katholischen Glauben übergetretene Abdullah Mohammed seine Verlobte Franziska Gorgan. Diese stand ebenfalls in den Diensten des Fürsten Liechtenstein. Als Beschließerin sorgte sie für den reibungslosen und logis-

tisch durchdachten Ablauf im Haushaltswesen der Fürstenfamilie.
Der wohl bekannteste Fall eines Schwarzafrikaners in Wien lag Anfang des 20. Jahrhunderts schon mehr als hundert Jahre zurück. Der afrikanische Königssohn Angelo Soliman (1720–1796), der im Dienst von Johann Georg Christian von Lobkowitz und der Fürsten von Liechtenstein stand, hatte es zu Lebzeiten zu hohem sozialen Ansehen gebracht. Nach seinem Tod erlaubte sich der königliche Hof auf Wunsch Kaiser Franz' II. die menschenverachtende Geschmacklosigkeit, den schwarzafrikanischen Prinzen auszustopfen, um ihn in die naturkundliche Sammlung des Kaiserhauses zu stellen. Erst die Wiener Revolution im Jahr 1848 beendete diese unwürdige Zurschaustellung, nachdem bei einem Brand das gesamte Kuriositätenkabinett ein Raub der Flammen geworden war.

12. August 1910

DIE ENGEN KLEIDER. EINE SZENE AUF DEM STEPHANSPLATZ

Das junge 20. Jahrhundert brachte eine Reihe an Veränderungen mit sich, wie etwa das Aufbrechen bisher geltender Konvention, egal ob wirtschaftlicher, beruflicher, gesellschaftlicher oder modischer Natur. Wie hart und steinig sich der Weg für so manche moderne und „modern" denkende Frau gestaltete, lässt sich an den Geschichten vieler Pionierinnen ablesen, die oft kränkenden Spießrutenläufen ausgesetzt waren, um ihre Ziele zu erreichen. Dabei handelte es sich um heute längst in den meisten Köpfen verankerte schlichte Selbstverständlichkeiten, wie das Frauenwahlrecht oder die Möglichkeit für Frauen, akademische Titel und Hosen tragen zu dürfen – alles Themen, deren hitzig geführten Diskussionen vor gerade etwas mehr als hundert Jahren äußerst kontrovers, polemisch und oft untergriffig abgelaufen waren.

Wenn ein weibliches Mannequin der Gegenwart nach dem neuesten Schrei gekleidet direkt vom Catwalk in der bunt bevölkerten Kärntner Straße auftauchen sollte, wird es sicher noch ein paar Menschen geben, die es der Mühe wert finden, sich danach umzudrehen. Wien hat sich diesbezüglich inzwischen zu einer offenen, toleranten Großstadt gemausert. Die Vorväter der Stadt zeigten da weitaus weniger Verständnis. Auch wenn der Reifrock bei Damenkleidern langsam, aber sicher im Kleiderschrank der Vergangenheit verstaut wurde, hatte die modische Grundausstattung einer weiblichen Person weiterhin aus einem langen, bis zum Boden reichenden Rock zu bestehen und jegliche Abweichung von dieser Kleidungsvorschrift wurde vom beckmesserischen Pöbel mit Spott, Hohn und sogar mit körperlicher und psychischer Gewalt quittiert, wie jene Vorkommnisse bewiesen, die ab 1910 ihre ersten publizistischen Höhepunkte erreichten.

Bei den sogenannten Humpelröcken, kreiert vom französischen Modedesigner Paul Poiret (1879–1944), stellt sich aus praktischen Gründen bis heute die Frage, wie fortschrittlich die Idee von unten äußerst eng zusammengebundenen Frauenröcken im Sinne der Emanzipation gewesen sein mag. Von einer erhöhten Verletzungsgefahr und einer deutlichen Bewegungseinschränkung einmal abgesehen.

Trotzdem war die Reaktion der Wiener auf diese neue modische Kreation durchaus nicht gerechtfertigt: Als sich im August 1910 zwei modebewusste und mutige Damen mit Humpelröcken erstmals auf dem Wiener Stephansplatz zeigten, hatte sich innerhalb kürzester Zeit eine Menschenmasse gebildet, die den beiden jungen Damen johlend nachstellte und sich über deren Kleidung lautstark lustig machte. Den beiden Frauen blieb schließlich nichts anderes übrig, als in ein Haus zu flüchten, um vor dem Pöbel sicher zu sein. Eine Eskorte von insgesamt sechs Wachmännern war notwendig, um die Frauen unbehelligt zu einem Taxi zu geleiten. Das „Illustrierte Wiener Extrablatt" bemühte sich sowohl für die beiden Modepionierinnen als auch für die weniger modebewusste Wiener Bevölkerung Verständnis aufzubringen, wenn es schreibt: „Nett und liebenswürdig war ja das Benehmen jener Passanten des Stephansplatzes nicht. Man lässt in einer Weltstadt jede Modenärrin nach ihrer Fasson selig werden. Wahr ist freilich, dass diese neueste Mode der zusammengeschnürten Kleider in hohem Grad geschmacklos ist und das mag der höhnenden Menge als kleine Entschuldigung angerechnet werden."

Wie emotional derartige Diskussionen geführt wurden, bewies wenige Monate später ein Vorfall in Neapel, bei dem zwei vor einer Kirche stehende Frauen in Humpelröcken von Antiklerikalen beschützt wurden, als aufgebrachte Katholiken gerade dabei waren, den Frauen die Kleider vom Leib zu reißen. Als die Antiklerikalen daraufhin in einen Streit mit mehreren Geistlichen gerieten, zog einer der Priester plötzlich einen Revolver hervor und feuerte auf den Gegner, der auf der Stelle starb.

7. März 1911

DIE ERSTE HOSENROCKDAME AUF DER RINGSTRASSE

Humpelröcke, die banale Bewegungsabläufe wie das Steigen von Stufen und das Ein- und Aussteigen in und aus Pferdekutschen für deren Trägerinnen zur Qual werden ließen, blieben tatsächlich nur eine modische Eintagsfliege und waren aus dem Straßenbild sehr bald wieder verschwunden. Auch das Tragen der ersten Kleider mit Schlitz und die damit verbundenen Skandale ebbten nach kurzer Zeit wieder ab.

Eine weitaus nachhaltigere modische Veränderung bahnte sich ab dem Jahr 1911 in Form von Hosenröcken an, die zum öffentlichen Skandalon par excellence explodierten, deren hohe Wellen aber spätestens mit dem Ersten Weltkrieg verebbt waren, als die Frau immer häufiger „ihren Mann" stehen musste. Im Februar 1911 veröffentlichte das „Illustrierte Wiener Extrablatt" auf seinem Titelblatt mit der Schlagzeile „Der erste Hosenrock am Turf" die erste Zeichnung zu diesem „weltbewegenden Ereignis", das sich auf dem Rennplatz des Pariser Stadtteils Auteuil zugetragen hatte. Das Pferderennen geriet dadurch völlig zur Nebensache: „Die Maschine des Totalisators (Einrichtung zum Wetten beim Rennsport, Anm.) verstummte, die Buchmacher verließen ihre Plätze, die Jockeys strömten aus dem Wageraum (sic!) und die Pferde steckten die Köpfe über die Barriere, als die erste ‚Jupe Culotte' sich zeigte." – Im Artikel plagten den Redakteur vor allem Gedanken, ob der Hosenrock wohl noch das Schönheitsbedürfnis der Männer befriedigen könne. Und er sinnierte schreibend darüber, wann wohl der erste Hosenrock auf der Ringstraße zu sehen sein werde.

Der gute Mann brauchte nicht allzu lange darauf zu warten. Keine zwei Wochen nach der französischen Weltpremiere in Auteuil hatte auch in Österreich die erste Frau die Hosen an, die sie wagemutig auf dem Ringstraßenkorso präsen-

tierte. Wie vom goldenen Wiener Herz nicht anders zu erwarten, wurde genauso reagiert wie nur wenige Monate zuvor in Sachen Humpelröcke. Einzelne Wiener Perlen hatten sich rasch zu einer riesigen Menschentraube geformt, und ein verbaler Shitstorm ergoss sich über die elegante Dame, oder mit den Worten des Redakteurs ausgedrückt: einer „berufsmäßigen Pionierin der von einzelnen Pariser Modetyrannen so eifrig geförderten Revolution der weiblichen Kleidung".

Die vom Pöbel verfolgte und vom Mut verlassene Frau verschwand rasch im nächstbesten Taxi und suchte das Weite. Aus den Schlagzeilen ließ sich der Hosenrock aber nicht so rasch vertreiben. In den nächsten Wochen wurde in sämtlichen Tageszeitungen, Magazinen und Spottzeitschriften das Phänomen Hosenrock in langen Artikeln und breiten Bilderserien abgehandelt. Selbst die Leser und Leserinnen beteiligten sich rege an dieser. Aus anderen Hauptstädten trafen in den Nachrichtenredaktionen stündlich Depeschen ein, die von weiteren Frauen berichteten, die sich in Hosenröcken auf die Straßen der Metropolen trauten, wo sich daraufhin ähnliche Szenen wie in Wien abspielten. Etwa am Wenzelsplatz in Prag: Hier konnte die Hosenrock-Pionierin gerade noch rechtzeitig von einer Hausmeisterin „gerettet" werden, indem sie die Verfolgte mit einem alten Rock ausstattete. In Budapest wurde ein Dienstmann zum rettenden Engel, der die von den Spöttern verfolgten Frauen in Hosenröcken mit „normaler" Kleidung versorgte, damit diese ihren Zufluchtsort unbeschadet verlassen konnten. In der Folge wurden sogar empörte Kundgebungen gegen dieses neumodische Accessoire abgehalten.

6. Mai 1900

DER ERSTE WEIBLICHE DOKTOR DER PHILOSOPHIE

Noch bevor die Frauen ihre männlichen Artgenossen mittels Hosenröcken zu provozieren wussten und mit der Aufweichung geschlechtsspezifischer Kleidung das männliche Selbstbewusstsein ins Wanken brachten, sah sich das „starke Geschlecht" bereits im Bereich des wissenschaftlichen Berufsfelds bedroht. Knapp vor der Wende vom 19. zum 20. Jahrhundert saßen in den Bankreihen der Universitätshörsäle neben den österreichischen Studenten deren erste weibliche Kommilitoninnen – immerhin ein beeindruckendes halbes Jahrtausend später, nachdem die Alma Mater in Wien im Jahre 1365 ihre Pforten geöffnet hatte.

Alleine dieser 500-jährigen Ausgrenzung wegen muss sich das Mitleid mit den Männern in Grenzen halten, die, (nicht nur) aus purer Angst um ihren Arbeitsplatz, diese neue Entwicklung lange Zeit zu verhindern versucht hatten, indem sie mit viel Hirnschmalz gesetzlich verankerte Stolpersteine, Barrieren und Fallstricke für die ersten studierfreudigen Frauen ausheckten. Eine gewisse Vorstufe an „Sicherheit" bot den Herren der Schöpfung der völlige Mangel an Mädchengymnasien Ende des 19. Jahrhunderts. Der Anspruch auf höhere Bildung blieb so auf „natürliche" Weise den jungen Männern vorbehalten. Eine Ablegung der Reifeprüfung mussten sich Frauen mittels Privatunter-

richt und einer unter den größten Strapazen und Schikanen extern durchgeführten Prüfung erarbeiten.
Als Gabriele Possanner Freiin von Ehrental (1860–1940) als erste Österreicherin in Wien promovierte, hatte „das Fräulein Doktor" ihren Titel, den „es" einige Jahre zuvor in der Schweiz erworben hatte, längst in der Tasche. Trotzdem musste Gabriele Possanner aufgrund der Gesetzeslage sämtliche Prüfungen und Rigorosen an der Universität Wien wiederholen. Um überhaupt, zumindest gnadenhalber, an der Wiener Universität zugelassen zu werden,

schrieb Possanners greiser Vater Benjamin an Kaiser Franz Josef I., der diese Idee sehr schön fand (und die ihn wohl sehr freute). So konnte Gabriele Possanner als erste weibliche Akademikerin an der Universität Wien promovieren und wurde vom „Illustrierten Wiener Extrablatt" dafür mit einer Titelseite belohnt.

Drei Jahre nach der Pionierin Possanner schaffte es Gabriele Gräfin von Wartensleben (1870–1953), Tochter des Anthropologen, Ethnographen und Ehrendoktors der Universität Wien Ferdinand Leopold Freiherr von Andrian-Werburg und Enkelin des französischen Komponisten Giacomo Meyerbeer, auf die Titelseite des „Illustrierten Wiener Extrablatts", als sie als „erster weiblicher Doktor der Philosophie" für ihre Dissertation „Begriff der griechischen Chreia und Beiträge zur Geschichte ihrer Form" die Hand auf das vom Pedell *(Hausmeister einer Hochschule)* gehaltene Universitätsszepter legen durfte und mit lateinischen Worten die Angelobungsformel sprach.

Andere Institutionen, wie etwa die juridische Fakultät, waren auch weit ins 20. Jahrhundert hinein um spitzfindige Argumente nicht verlegen, Frauen vom Besuch rechtswissenschaftlicher Vorlesungen als ordentliche Hörerinnen weiterhin abzuhalten.

7. März 1901

DIE FRAU BEIM SEZIERTISCH. EIN BLICK IN DEN SEZIERSAAL DES WIENER ANATOMISCHEN INSTITUTES

Nachdem mit Gabriele Possanner die erste Frau in Österreich den Fuß in die Tür zur medizinischen Fakultät setzen konnte, verflog auch bald die Aufregung um das berühmte „erste Mal". Ab 1898 konnten immer mehr Studentinnen in den Hörsälen der medizinischen Fakultät Platz nehmen. 1901, so berichtete das „Illustrierte Wiener Extrablatt", war bereits „eine größere Anzahl an Damen inskribiert, die mit außerordentlichem Fleiß dem beschwerlichen Studium obliegen". Ein „nach der Natur gezeichnetes Bild" des Illustrators zeigte russische Studentinnen bei ihrer Routinearbeit im Seziersaal. Ein langer, feuilletonistischer Artikel im Inneren des Blattes begleitete diese Illustration, die beim genaueren Hinsehen, ebenso wie der Artikel, nicht ganz ohne Ironie (und einem gerüttelt Maß an männlicher Fantasie) auskam:
„Die Seziertechnik der Medizinerin unterscheidet sich nur unmerklich von dem Gehaben des sezierenden männlichen Genossen. Es scheint, dass die Medizinerin beim Seziertisch die Schere mit größerer Vorliebe gebraucht, als der Mediziner. Letzterer pflegt das Seziermesserchen, das Skalpell, der Schere vorzuziehen. Regt sich in der Studentin die Schneiderin, deren Keime in jeder Eva schlummern?

Kann man von einem Scheren-Atavismus sprechen? Auch kann es den Zuschauern bedünken, dass die Medizinerin mit größerer Grazie des Sezierens waltet, als der Mediziner. Die linke Hand, welche die Pinzette festhält, spreizt den halbgekrümmten kleinen Finger zierlich nach außen ab, eine Eigenheit, zu der sich der plumpere Mediziner noch nicht emporgeschwungen hat."

EIN ZUKUNFTSBILD. ZUR FRAUENBEWEGUNG

Aber es sollte noch „schlimmer“ kommen für jene, die Frauen mit Röcken und ohne akademischen Grad attrakti-

ver fanden. Frauen drangen nun auch in Berufssparten vor, die vor wenigen Jahren noch in den kühnsten Alpträumen so mancher wertkonservativer Fortschrittsverweigerer nicht vorgekommen wären. Das Jahr 1906 kannte immerhin schon „Ärztinnen, Advokatinnen, Raseurinnen, Kondukteurinnen". Da lag es natürlich für den Zeichner des „Illustrierten Wiener Extrablatts" auf der Hand, sich ironisch mit Zukunftsbildern auseinanderzusetzen, welche weiteren beruflichen Bereiche von den Frauen noch erobert werden könnten: „Er sieht in seinem vorschauenden Geiste die Bäckerin, die Rauchfangkehrerin, die Fiakerin, die Kanalräumerin, die Sicherheitswachfrau und das Schustermädel, die Dienstmännin – oder soll man Dienstfrau sagen? – und die robuste Fleischhauerin."

9. November 1913

DER ERSTE TANGO-TEA IN WIEN

Dieses Titelbild möge als schönes Beispiel dafür gelten, wie wenig das Werbemittel schon vor über hundert Jahren mit der eigentlichen Absicht des Werbeträgers zu tun hatte. Natürlich handelte es sich noch lange nicht um Gratis-Smartphones, mit denen sich Banken ihren Erstkunden exklusiv anbiederten, aber eine Tango-Präsentation, die vom Zentralkomitee zur Schaffung einer österreichischen Luftflotte initiiert wurde, gab schon damals eine bestimmte Richtung bezüglich Werbestrategie vor. Zum ersten Mal konnte das Wiener Publikum dabei sein, als auf dem glatten Parkett des Wiener „Hotel Bristol" der dominierende Tänzer seine Dame fest in den Arm nahm. Im November 1913, wenige Monate vor Ausbruch des Ersten Weltkriegs, schwappte dieser neue Tanzstil aus dem südamerikanischen Argentinien nach Europa. Zum ersten Mal konnte das Publikum einen Eindruck von diesen „hübschen" und „charmanten" Tanzpaaren gewinnen, die „wie zu erwarten, einen verfeinerten gesellschaftsmäßig gemachten Tango tanzten, dem nichts von der exzessiven Wildheit seines Originals anhaftete". Naturgemäß musste der neuartige Tanz auch einem Vergleich mit dem Wiener Walzer standhalten, wobei „das internationale Hotelpublikum sich für Argentinien entschied, während die Stimmung im heimischen Lager geteilt war."

Wie der Tango gelernt wird.

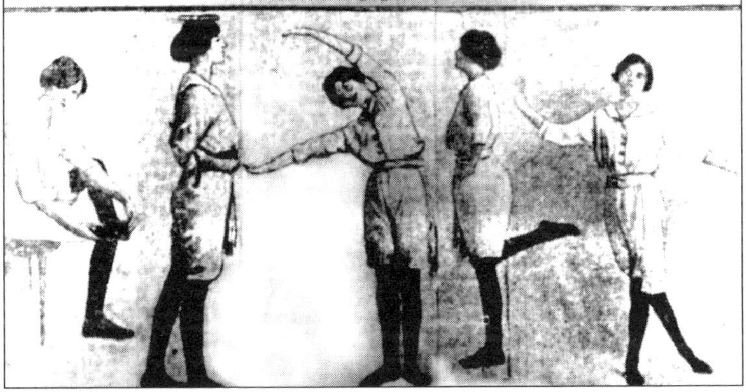

22. Jänner 1914

DER KREUZZUG GEGEN DEN TANGO

Die Reaktion der katholischen Kirche auf diesen Tanzstil aus der Neuen Welt ließ nicht lange auf sich warten. Besonders besorgt war der Klerus um die Moral seiner Tango

tanzenden Schäfchen. Um sich ein eigenes Bild davon zu machen, kam es zu einer Audition vor Priestern, damit sich diese ein persönliches Urteil bilden konnten. Die Überschrift „Der Kreuzzug gegen den Tango", die über dem Titelbild vom Jänner 1914 prangte, hatte die für so manchen Kleriker zu Recht bestehende Skepsis eigentlich schon vorweggenommen. Die empörte Reaktion auf das Tanzpaar, als die Dame sich in einer abenteuerlichen Rückwärtsbeuge mit ihrem Schoß in jenen des Mannes gedrückt hatte, war einigen geistlichen Würdenträgern regelrecht ins Gesicht gezeichnet. Diese Vorführung in Philadelphia dürfte die Befürchtungen diesem Tanz gegenüber eher verstärkt als verringert haben. Kein Wunder also, wenn kurze Zeit später den Gläubigen der Diözese das Tangotanzen streng untersagt worden war. Heutzutage hat sich die Geistlichkeit – nolens volens – schon längst mit dieser besonders intimen Tanzform aus Südamerika abgefunden. Noch dazu mit einem besonders prominenten Repräsentanten an der Spitze der katholischen Kirche. Ist doch von Papst Franziskus I. bekannt, dass er als junger Mann, noch unter seinem bürgerlichen Namen Jorge Mario Bergoglio, ein leidenschaftlicher Tangotänzer gewesen ist.

26. Mai 1921

SHIMMY

Recht rasch nach Ende des Ersten Weltkriegs zogen die Kriegsgewinner und Kriegsverlierer in Europa wieder an einem Strang, wenn es um die Lust an körperlicher Bewegung und um das Kennenlernen einer völlig neuartigen Form von Musik, Rhythmus und Tanz ging. Dabei trat der geschmeidige südamerikanische Tangostil wieder etwas in den Hintergrund. Nun hatte wieder Nordamerika die Nase vorne, mit Tänzen, die neben den klassischen Schritten

gleichzeitig die größtmögliche Bewegung erlaubte und auch forderte. Nicht anders war es auch beim „Shimmy“, der vom Takt her dem Foxtrott und vom Rhythmus dem Ragtime folgte. Diese „größtmögliche Bewegung“ war für die europäischen Freunde der rhythmisch-musikalischen Bewegung allerdings äußerst gewöhnungsbedürftig: „Zu den Eigentümlichkeiten des Shimmy gehört nämlich, dass Tänzer und Tänzerinnen dabei nicht bloß die Beine grässlich verdrehen, sondern überdies in gewissen Momenten sich heftig schütteln müssen nach Art der unter dem Namen der ‚Zitterer‘ bekannten Quäkerfeste.“

28. Jänner 1899

WIE DER PAPST SICH FOTOGRAFIEREN LÄSST

Ein Tango tanzender und sich der aktuellsten Kommunikationsmedien bedienender Papst darf sich heute zweifelsohne als „modern" und „fortschrittlich" bezeichnen. Mehr als hundert Jahre früher musste diese Aufgeschlossenheit für die neueste Technik ebenfalls einem katholischen Kirchenoberhaupt konzediert werden, wenn es sich fotografieren ließ – und noch dazu auf eine ganz besondere Art und Weise. Natürlich hatte sich ein Papst hart am Ende des 19. Jahrhunderts schon häufiger einer fotografischen Prozedur unterziehen müssen, und es war nicht das allererste Foto, das im Jänner 1899 von Leo XIII. (eigtl. Vincenzo Gioacchino Pecci, 1810–1903), der das Pontifikat seit 1878 inne hatte, aufgenommen worden war.
Das mediale Hauptinteresse richtete sich in diesem Fall auf die außerordentliche Leistungsfähigkeit der jüngst entwickelten „Biograph-Kamera", mit ihrer völlig neuen Technik des Fotografierens. Dieser Apparat war imstande, mit einer einzigen Aufnahme eine Unzahl an Fotoplatten zu belichten, die zusammen ein „lebendes Bild" ergaben. Die Filmtechnik lernte langsam das Laufen und nebenbei konnte der Redakteur, der den das Bild ergänzenden Text schrieb, seine Fähigkeiten in Sachen Partizip Präsens üben: „Mit diesem neuen Apparat wurden nun in der letzten Zeit 17.000 Fotografien von Seiner Heiligkeit in etwa 30 Stellun-

gen hergestellt. Auf diesen Bildern sieht man den heiligen Vater spazieren gehen und fahren, auf dem Thronsessel sitzend, die Gänge durchschreitend, das Volk segnend, in der Studierstube arbeitend, Audienzen erteilend, mit den Kardinälen beratend, so dass eine Serie dieser Bilder uns einen Tag aus dem so angestrengten Leben des obersten Hirten der Christenheit in getreuer Darstellung vorführt."
Ein besonderer Dank muss dem Zeichner dieser Illustration gelten, der es dem an Technik interessierten Publikum möglich machte, einen Blick hinter die Kulissen des Echtbilder produzierenden Kollegen zu werfen. In akribischer Kleinarbeit konzentrierte er sich auf die technischen Details dieser in damaligen Zeiten wuchtigen, leistungsstarken „Bildermaschine".

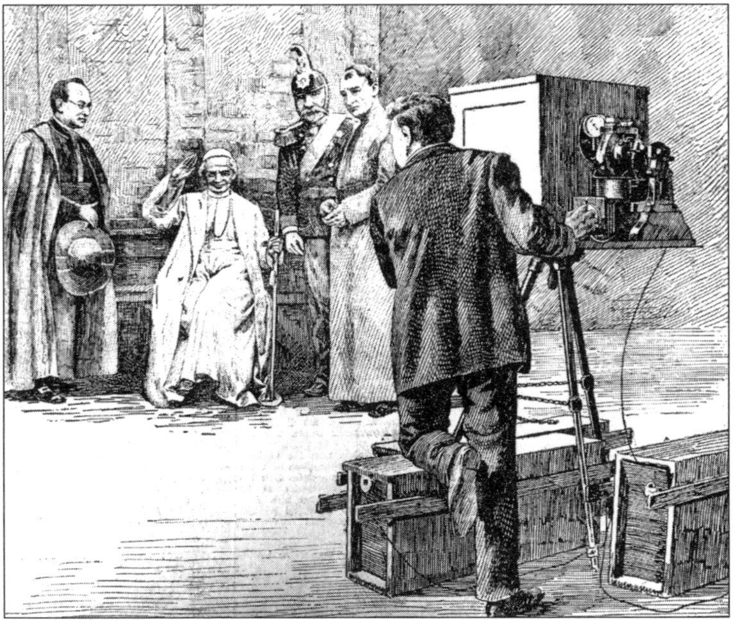

18. August 1913

UNTERSEEISCHE KINEMATOGRAPHIE

Moderne Aufnahme- und Wiedergabetechniken, wie die Fotografie und ab Ende des 19. Jahrhunderts auch der Film, machten sich auch für Wissenschafter und Mediziner verdient, die diese Neuheiten schnell und – zumindest zumeist – zum Wohle der Menschheit einzusetzen wussten.

Für den illustrierten Aufmacher einer Zeitung war das Besondere, das Spektakuläre, das noch nie Dagewesene gerade gut genug, um ein Massenpublikum zu schaffen. Heute müssen Menschen gar bereit sein, von der Stratosphäre aus mit einem Fallschirmsprung die Anziehungskraft der Erde auf sich wirken zu lassen, um Aufmerksamkeit zu erregen. Mehr als hundert Jahre früher beschied man sich noch damit, einige Meter ins Meer einzutauchen und von einer speziellen Kabine aus mit einer Kamera fotografische Aufnahmen unter Wasser festzuhalten, wie es dem englischen Ingenieur und Filmemacher John Ernest Williamson (1881–1966) gelungen war. Das Bild dieser technischen Novität wurde dem Lesepublikum in der wissenschaftlichen Zeitschrift „Scientific American" präsentiert und kurz darauf vom „Illustrierten Wiener Extrablatt" für seine wissenschaftlich interessierte Wiener Lesergemeinde übernommen. Die gesamte Logistik für diese technische Neuheit setzte sich, laut Zeitung, aus folgenden vier Teilen zusammen: „1. ein Schiff, 2. eine Operationskammer in Form einer hohlen Kugel, die auf der einen Seite mit einem Fenster versehen und groß genug ist, um dem Operateur zum Aufenthalt zu dienen, 3. eine Metallröhre, durch die der Operateur in die Kugel hinabsteigt, endlich 4. einen Reflektor, der das Licht widerstrahlt, das der Operateur durch das Fenster seiner Kammer aus einer elektrischen Lampe von tausend Kerzenstärken entsendet." – Die „Kerzenstärke", ein Terminus aus der Fotometrie, diente bis 1948 der Lichtstärke als gesetzliche Einheit und wurde später von der heute üblichen Beleuchtungsstärken-Angabe „Lux" abgelöst.

24. August 1897

DIE RÖNTGEN-STRAHLEN BEI DER ZOLLREVISION

Der deutsche Physiker Wilhelm Conrad Röntgen (1845–1923) nannte seine im Jahr 1895 gemachte Entdeckung noch bescheiden „X-Strahlen". Keine zwei Jahre später war der Forscher zu deren Namensgeber aufgestiegen. Wie jedes neue Gimmick fanden auch die Röntgenstrahlen großen Zuspruch bei einem breiten Publikum.

Die Zollrevision hatte dank der Röntgenstrahlen völlig neue Möglichkeiten. Ein Name für das zum Einsatz gekommene Gerät hatte sich rasch gefunden: „Lorgnette humaine". Die „Lorgnette" – ursprünglich die Bezeichnung für eine bügellose Brille – bildete bei dieser Durchleuchtung einen wichtigen Bestandteil: „Der zu untersuchende Gegenstand wird zwischen die Crook'sche Röhre und die Lorgnette gebracht und alsbald zeichnen sich auf dem Schirm die Schattenbilder der im Innern des Gepäckstücks befindlichen Objekte ab." – Aber vor allem die Kontrolle humaner Wesen hatte zu dieser Zeit schon ihren – zumindest spielerischen – Anfang genommen. Eine sich etwas auffällig benehmende Dame wurde zwischen „Lorgnette humaine" und Röntgenschirm gestellt. Prompt zeigte das Gerät einen dunklen Gegenstand an, der letztlich als Likörflasche identifiziert werden konnte. Politisch korrekterweise wurde die anschließende Leibesvisitation ausschließlich von weiblichem Personal durchgeführt. Details über die konkrete Fundstelle und eine mögliche körperliche Gefährdung durch Röntgenstrahlen sind dem Subtext nicht zu entnehmen.

22. September 1921

EIN NEUER PROJEKTIONSAPPARAT IM DIENSTE DER CHIRURGIE

Die öffentlichen Vorlesungen von Karl Freiherr von Rokitansky (1804–1878) im Saal der Wiener Prosektur erreichten beinahe Kultcharakter. Die Beobachtungen der angehenden Mediziner während der Vorlesungen des Doktorvaters, der seine wissenschaftlichen Erkenntnisse direkt am Körper des menschlichen Leichnams beweisen konnte, waren durch die stufenförmigen Hörerbänke gut zu bewerkstelligen. Bei lebensrettenden Operationen konnte aus mehreren Gründen eine derartig große Anzahl an Studenten nicht teilnehmen. Nur einem äußerst kleinen Teil war es gestattet, die Durchführung eines schwierigen Eingriffs am lebenden Körper physisch anwesend mitzuverfolgen, damit die Konzentration des Operateurs nicht allzu stark in Mitleidenschaft gezogen wurde. Amphitheatralische Operationssäle mit einem Massenpublikum konnten sich noch weniger durchsetzen. Viele Patienten empfanden es – verständlicherweise – als unangenehm und peinlich, wenn hunderte interessierte Augenpaare auf den entblößten Körper gerichtet waren. Die mangelnden hygienischen Bedingungen waren ein weiterer Grund, weswegen derartigen Massenvorführungen keine Zukunft beschieden war. Aber wie sollte dann den jungen Medizinern das immense Wissen der ärztlichen Doktorväter näher gebracht

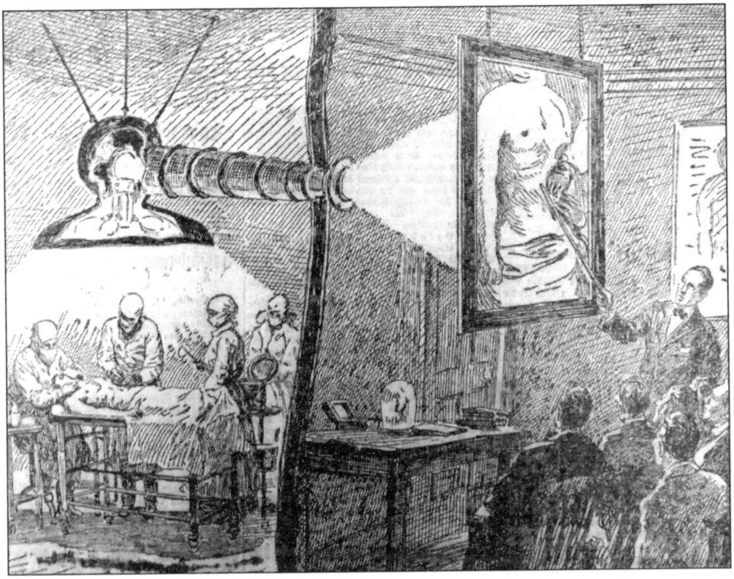

werden? – Abhilfe in diesem Dilemma schuf die Erfindung eines neuartigen Projektionsapparats aus dem Jahr 1921, der die Bilder in den Nebenraum des Operationssaals, in dem sich die medizinische Studentenschaft versammeln konnte, übertrug: „Durch ein kompliziertes Linsensystem mit Lampen und Reflektoren wird nämlich nach Art der Laterna magica das vergrößerte Bild des Operationstisches mit dem Patienten auf einen durchsichtigen Wandschirm projektiert, wo der vortragende Arzt den Verlauf der Operation im Nebenraum erklärt."

30. September 1912

DIE NEUESTEN WUNDER DER MODERNEN CHIRURGIE

Das „Illustrierte Wiener Extrablatt" präsentierte in mehreren Bildern, was im Operationssaal des jungen 20. Jahrhunderts im Bereich der Chirurgie bereits geboten werden konnte. Das Einsetzen fremder Knochen anstelle fehlender beziehungsweise erkrankter Knochen musste im September 1912 in etwa dieselbe Sensation gewesen sein, wie die im Jahr 1967 erstmals durchgeführte Herztransplantation. Detailreich wird im Artikel über „Die neuesten Wunder der modernen Chirurgie" von der schwierigen und langwierigen Operation des kleinen Fred Scorpion von Waterbury berichtet. Der Zweijährige kam mit Klumpfüßen zur Welt – ein körperlicher Defekt, bei dem wichtige stabilisierende Knochen an einer bestimmten Stelle des Körpers fehlen. Man entschloss sich zu einer Operation, die in dieser Form noch nie durchgeführt worden war: Für die Rekonstruktion sollten Knochen fremder Personen verwendet werden. Der New Yorker Chirurg Frederick Houdlette Albee (1876–1945) wagte sich erstmals an das risikoreiche Unternehmen, dem zweijährigen Kind die fehlenden Knochenteile einzupflanzen.
Für die ersten Untersuchungsschritte stand dem Arzt bereits die neue Technik der Röntgenstrahlen zur Verfügung, mit deren Hilfe er die Situation des defekten Fußes viel besser abschätzen konnte. Danach entnahm man zwei verstorbenen Babies – einem Mädchen und einem Buben –,

die kurz nach der Geburt verstorben waren, mehrere Knochenteile, die bis zur Operation in einer chemischen Lösung aufbewahrt wurden. Knapp vor dem Eingriff wurden die Knochen speziell bearbeitet, um aus dem Hüftknochen des verstorbenen Mädchens den fehlenden Wurzelknochen am linken Fuß des Patienten und aus dem Armknochen des toten männlichen Säuglings die fehlenden Knochen des rechten Fußes zu rekonstruieren. Danach begann die lang-

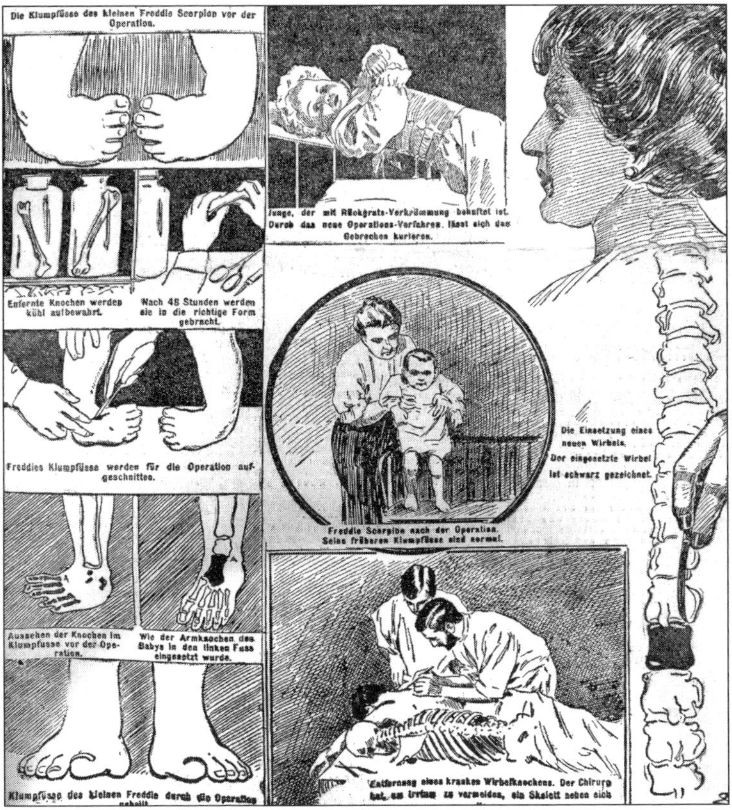

wierige Operation, bei der dem Kind die Knochen samt Sehnen, Knorpeln, Muskeln und Haut implantiert wurden. 14 Tagen später, als dem jungen Patienten der Gips abgenommen worden war, konnten sich die Ärzte und die Fachwelt vom Erfolg dieser medizinischen Pioniertat überzeugen.

13. Jänner 1911

DER MANN, DER VIERZEHN LÖFFELSTIELE VERSCHLUCKTE

Mehr als ein Jahr früher berichtete das „Illustrierte Wiener Extrablatt“ ebenfalls von einer erfolgreichen Operation,

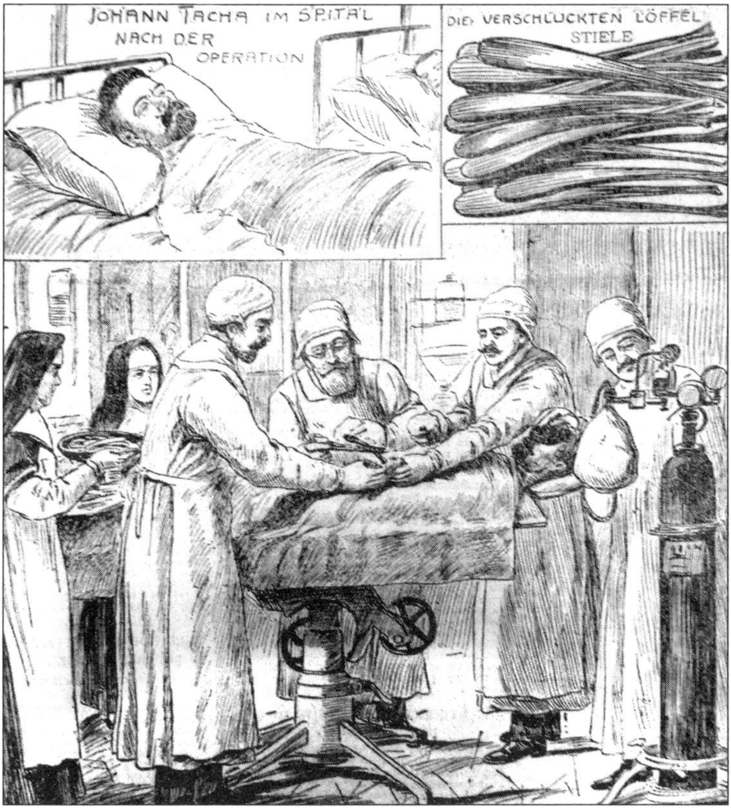

durchgeführt von einem österreichischen Ärzte-Team im Franz-Josef-Spital in Wien-Simmering. Vom Schwierigkeitsgrad her handelte es sich bei diesem chirurgischen Eingriff um eine reine Routineangelegenheit, allerdings hatte dieser Fall aus anderen Gründen einen hohen Publizitätswert erreicht. Dafür sorgte ein schwerer Alkoholiker und Patient der „Landesirrenanstalt Steinhof". Den Pflegern war in den letzten Monaten das permanente Verschwinden von Zinnlöffeln, mit denen das Essen eingenommen wurde, aufgefallen. Als der Pflegling plötzlich anfing, Blut zu spucken, konnte ihm mit Mühe das Geständnis entrungen werden, bereits drei Monaten vorher die ersten abgebrochenen Löffelstiele „verzehrt" zu haben.

In der kurz darauf vorgenommenen Operation schnitten vier Ärzte unter der Leitung von Primarius Dr. Georg Lotheissen (1868–1941), einem Spezialisten für Ösophagusstriktur (Einengung der Speiseröhre), insgesamt 14 Löffelstiele mit einem Gesamtgewicht von mehr 1,2 Kilogramm aus dem „Straußenmagen" des Patienten: „Die großen Fremdkörper wurden durch eine kleine Einschnittöffnung aus dem bloßgelegten Magen des Kranken einzeln extrahiert und in einer Schale gesammelt." – Das Krankenbett des Patienten zierte die etwas kryptische Diagnose in lateinischer Sprache: „Corpora aliena 14 in ventriculo" (14 Fremdkörper im Magen).

16. Mai 1914

KÜNSTLICHE ARME, DIE DIE NATÜRLICHEN VOLLKOMMEN ERSETZEN

Wenn bestimmte Körperteile nicht, nicht mehr oder noch nicht durch eigene oder fremde Knochen und Gliedmaßen zu ersetzen waren, konnte mittels Prothesen, wenn auch zumeist in einem eingeschränkteren Ausmaß, eine größere Bewegungsmöglichkeit erreicht werden. Die moderne Technologie kann natürlich längst mehr bieten, als die märchenhaft verklärte eiserne Klaue für Captain Hook oder die Beinprothese eines Kapitän Ahab, angefertigt aus dem Kieferknochen eines Pottwals. Bereits im Mai 1914 dokumentiert das „Illustrierte Wiener Extrablatt" den Fall des 17-jährigen T. C. Gates, der bei einen Unfall beide Arme verloren hatte und mithilfe seiner neuen Armprothesen nicht nur essen und trinken, nicht nur schreiben und zeichnen, sich die Krawatte binden, „sondern auch den engsten Kragen zuknöpfeln und dazu die Knöpfelschuhe" verschließen konnte. Zu verdanken hatte er diese feinmotorische Erfindung einem Mechaniker, der ebenfalls durch einem Unfall seinen Arm verloren hatte. Mehr als zehn Jahre tüftelte er an einer Apparatur, um jene Fähigkeiten, die er vor dem Unfall besessen hatte, zumindest annähernd wieder zurückzugewinnen.

Es scheint eine unheimliche, fast zynische Koinzidenz zu sein, eine derartige Illustration gerade Mitte Mai 1914 in

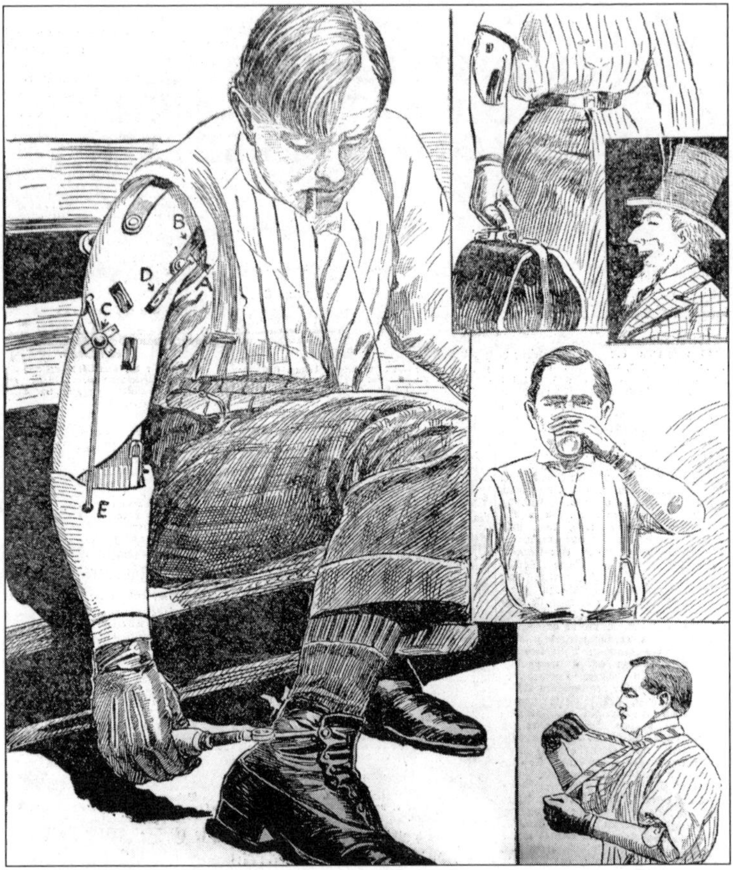

der Zeitung zu finden. Nur wenige Wochen später begann in Europa jener große Krieg, der sich im Laufe von vier Jahren zu einem Weltkrieg ausweitete und der – nach vorsichtigen Schätzungen – 20 Millionen Tote und 21 Millionen Verwundete fordern sollte. Die hohe Zahl an Kriegsversehrten, die während der unvorstellbar grausamen

Kampfhandlungen an Armen, Händen, Beinen und Füßen verstümmelt worden waren, ließ die Prothesen-Industrie in ihrer Weiterentwicklung und Produktion regelrecht boomen. Die immer ausgereiftere Technologie und Feinmechanik dieser künstlichen Gliedmaße erreichte in diesen vier Kriegsjahren eine unglaubliche Perfektion. Nachdem der erste Dauerrausch der Kriegsbegeisterung in der österreichisch-ungarischen Monarchie bereits einer Katerstimmung gewichen war, präsentierten die Zeitungsmacher die neuesten technischen Meisterleistungen in Sachen Prothese sogar auf ihrer Titelseite, um auf diese Weise den vielen Kriegsgeschädigten zumindest einen kleinen Teil an Hoffnung zurückzugeben.

24. Februar 1911

VERBRECHER INFOLGE EINER SCHÄDELVERLETZUNG. NACH ERFOLGTER OPERATION WIEDER BRAV

Einen frühen Leckerbissen, allen neurowissenschaftlich Interessierten vorgeworfen, bietet ein Bericht aus der New Yorker Zeitschrift „World", dessen Bilderreigen im Februar 1911 im „Illustrierten Wiener Extrablatt" nachgedruckt worden war. In beinahe comicstripartiger Manier wird die Geschichte eines jungen Mannes namens Eduard Grimmell aus dem nordamerikanischen Buffalo erzählt, der durch eine Schädelverletzung seinen guten Charakter verloren hatte und sich nichts sehnlicher wünschte, als diesen durch eine Operation wiederzuerlangen.

Der junge Mann war kerngesund und ein guter Schüler, die Freude seiner Eltern und Lehrer, bis er im Alter von 14 Jahren durch einen Holzscheit schwer am Kopf getroffen worden war. Ab dem Zeitpunkt des Unfalls änderte sich sein Charakter – sehr zum Leidwesen seiner Eltern und Lehrer. Plötzlich zeichnete sich der Teenager durch besondere Faulheit aus und begann kriminell zu werden. Nach Kirchendiebstählen, Scheckbetrügereien, Einbruchsdelikten und anderen Verbrechen landete er im Alter von 22 Jahren hinter Gittern. Dort kam ihm ein Buch über Kriminalpsychologie in die Hände, das ihn auf die Idee brachte, sein Wille zum Verbrechen könnte eventuell im Zusammenhang mit der erlittenen Kopfverletzung stehen. Er nahm mit einem Arzt Kontakt auf und bat diesen inständig, seinen Schädel einer genaueren Untersuchung zu unterziehen. – Bei der Schädelöffnung stellte der Arzt tatsächlich eine Knochenverdickung fest, die sich auf der Innenseite der Schädeldecke gebildet und seit dem Unfall auf das Gehirn

des jungen Mannes gedrückt hatte. Nachdem diese Verdickung abgehobelt worden war, konnte nach der Operation wirklich eine bedeutende charakterliche Veränderung festgestellt werden: „Nach seiner Wiederherstellung zeigte sich sehr bald eine Metamorphose seines seelischen Zustandes, die auch in seinem Gesichtsausdruck deutlich zutage trat."

3. August 1902

DIE FRÖHLICHKEIT ALS HEILMITTEL

Um nach einem schwereren Krankheitsfall bald wieder die Gesundheit zu erlangen, dafür brauchte und braucht es oft nicht ausschließlich die medizinisch-wissenschaftlich gut ausgebildete Ärzteschaft und die perfekte Medikation. Auch die Aufheiterung der Seele trägt das ihrige dazu bei, den Gesundungsprozess zu beschleunigen. Diese Erkenntnis drang nicht erst mit dem Aufkommen der Clown-Doktoren der letzten Jahre in die Kinder- und Erwachsenenkrankenzimmer. Die Idee, mittels Aufheiterung der Patienten deren Gesundheitsprozess zu beschleunigen, hatte im gerade angebrochenen 20. Jahrhundert bereits der Chefarzt eines neapolitanischen Krankenhauses. Er ließ von Zeit zu Zeit in den weitläufigen Krankensälen Schauspieler und Volkssänger auftreten, die die Patienten von ihren Leiden ein wenig ablenken sollten. (Abb. S. 104)
Wenige Jahre nach den musikalischen Darbietungen in den neapolitanischen Krankensälen waren die ersten professionellen Clowns in einem Spital zu Gast und unterhielten die kleinen Patienten einer Kinderabteilung. Die Brüder Fratellini, Stars des Londoner Hippodroms, gingen im Rahmen einer Wohltätigkeitskampagne auf Vorstellungstournee durch mehrere Krankenhäuser der britischen Hauptstadt. Berücksichtigt wurden hier vor allem jene jungen Patienten, deren Eltern knapp an oder bereits weit unter der Armuts-

grenze lebten. Einen ihrer publikumsreichsten Auftritte hatten die Brüder Fratellini in einer Liegehalle der Great Ormond Street, wo 300 Kinder in einem einzigen Saal untergebracht waren. Die Clowns konnten mit ihrem perfekt einstudierten, abwechslungsreichen Repertoire und ihrer höchsten Professionalität sowohl bei den Kindern als auch bei den Erwachsenen punkten.

Für so manchen Krankenanstaltsleiter, der weiterhin mehr der Schulmedizin als der therapeutischen Wirkung des Lachens vertraute, dauerte es oft ein wenig länger, bis ihm bewusst wurde, wie wichtig gute Laune und Aufheiterung bei der Rekonvaleszenz sein können. 1912 berichtete das „Wiener Illustrierte Extrablatt“ von einem unangenehmen Vorfall, der sich in einem Londoner Krankenhaus zugetragen hatte. Eine Krankenpflegerin erfüllte den Wunsch eines ihrer kleinen Patienten und zog für ihn ein Harlekinkostüm an, um ihn auf diese Weise bestens zu unterhalten. Die ehemalige Schauspielerin erntete nicht nur von ihrem ans Krankenbett gefesselten Patienten, sondern auch von ihren anwesenden Kolleginnen und Ärzten Applaus. Der Krankenhausdirektor indes vermutete darin lediglich einen Verstoß gegen Disziplin und Hausordnung und sorgte für die Entlassung der Krankenschwester. Ab und zu enden aber auch Londoner Geschichten in Hollywood-Manier: Nachdem diese Episode in der Öffentlichkeit bekannt geworden war, blieb dem Direktor nichts anderes übrig, als die ausgesprochene Entlassung rückgängig zu machen.

21. Dezember 1876

VOM WIENER TIERSCHUTZVEREIN

Neben dem Menschen wurde auch den Tieren immer größere Aufmerksamkeit zugebilligt. Besonders der „inkorrekte“ menschliche Umgang mit den vierbeinigen Hausgenossen bekam auch in den Printmedien einen immer wichtigeren Stellenwert. Vermutlich deshalb, weil den Zeitungsmachern immer mehr zu Bewusstsein kam, wie mittels Tieren auf dem Titelcover die Auflagenzahl der Zeitung um ein Vielfaches erhöht werden konnte.

Schon in den frühen Jahren seines Bestehens widmete sich das „Illustrierte Wiener Extrablatt“ ausführlich dem Thema Tier und Tierschutz. Ein erstes Samenkorn legte Ignaz Franz Castelli (1781–1862). Bereits 1846 hatte der österreichische Biedermeier-Dichter und -Dramatiker den „Wiener Tierschutzverein“ gegründet. Wie dringend notwendig diese Einrichtung für gequälte und geschändete Tiere gewesen sein musste, lässt das „Illustrierte Wiener Extrablatt“ im Jahr 1876 auf seinem Titelblatt erahnen. Der Verfasser der Bildunterschrift ging konkret auf die heilbringende Wechselwirkung ein, die zwischen Tieren und Menschen entstehen könne, „denn, indem der Wiener Tierschutzverein die Gefühle des Mitleids, der Teilnahme für die Tiere pflegt, fördert er zugleich die allgemeine Humanität überhaupt und nützt er der menschlichen Gesellschaft durch die Sänftigung der ungezügelten Leidenschaften Einzelner“.

Die Illustration vom geschundenen Pferd war in diesem Fall kein konkreter Vorfall, den der Zeichner am Ort des Geschehens „nach der Natur“ gefertigt hatte, sondern stammte aus einer Plakatserie des Wiener Tierschutzvereins, der unter anderem mit diesem Sujet auf die reale triste Situation der Tiere aufmerksam machen wollte und sich damit „an die edlen, mildtätigen Bewohner Österreichs, insbesondere der Stadt Wien“ wandte.

36 Jahre nach dem Erscheinen dieses Plakats war es trotzdem weiterhin notwendig, so manchen Menschen seinen

unwürdigen Umgang mit Tieren vor Augen zu halten. 1912 brach die Titelseite des „Illustrierten Wiener Extrablatts" in mehreren Bildern eine weitere Lanze für gepeinigte Tiere: Zu sehen waren typische Alltagsfälle aus dem Reich der Tierquälerei. Zum Beispiel die qualvolle Prozedur des Gänsestopfens, eine zweirädrige Kutsche, die lediglich von einem Hund gezogen wird, Pferde, die in einer Stierarena zu Tode kommen und Jagdhunde, die sich um eine weidwunde Beute reißen.

27. November 1901

IM TIERAMBULATORIUM

Zu den Aufgaben des Tierschutzvereins zählte auch die Gründung von Kranken- und Pflegeeinrichtungen für verletzte Tiere. Im Jahr 1901 wurden in Wien innerhalb kurzer Zeit sowohl ein Tierasyl als auch ein Ambulatorium für kranke Tiere gegründet. Das Ambulatorium mit seinen täglichen Ordinationsstunden befand sich – nicht ganz ironiefrei – auf dem Wildpretmarkt, in der Nähe des Wiener Stephansdoms. Die Behandlung erfolgte für Tierbesitzer mit geringen finanziellen Mitteln in der Regel unentgeltlich. Sogar ein von Eseln gezogener Krankenwagen für besonders schwer erkrankte Hunde stand dem Verein zur Verfügung. Aus dieser sowohl tier- als auch menschenfreundlichen karitativen Einrichtung heraus entwickelten sich in den nächsten Jahren die ersten modernen Tierspitäler: „Man heilt jetzt rheumatische Hunde und Pferde mit Dampf oder heißer Luft, genau wie die Menschen. Man legt Ochsen kalte und warme Umschläge auf, gibt Papageien Abführpillen ein, operiert Tauben mit gebrochenen Flügeln, setzt sogar einäugigen Hunden Glasaugen ein!"
Die ausgeprägte Aufmerksamkeit, die den Tieren dabei zukam, stieß bei so manchem auf blankes Unverständnis. Auch ein Redakteur des „Illustrierten Wiener Extrablatts" kommentierte eine Zeichnung, die die Behandlung kranker Tiere in einem modernen Pariser Tierspital im Jahr 1908 zum Thema hatte: „Noch ist nicht überall in hinreichendem Maße

dafür gesorgt, dass unbemittelte kranke Menschen, die der Spitalpflege bedürfen, dieser auch teilhaftig werden. In Paris scheint es damit besser bestellt. Wenigstens muss man dies daraus schließen, dass sie dort schon ein Hofspital ausschließlich für kleine Tiere errichtet haben." – Vielleicht bezog sich der Redakteur auf die etwas exzentrisch anmutende Darstellung einer „Massage eines Affen mit dem Vibrationsapparat". Weitere abgebildete tierärztliche Tätigkeiten, wie das „Verbinden einer Katze im Tierspital" oder die „Tötung unheilbarer Tiere durch Kohlensäure-Vergiftung" sollten jedoch genügend Platz in jedem gesunden Menschenverstand haben.

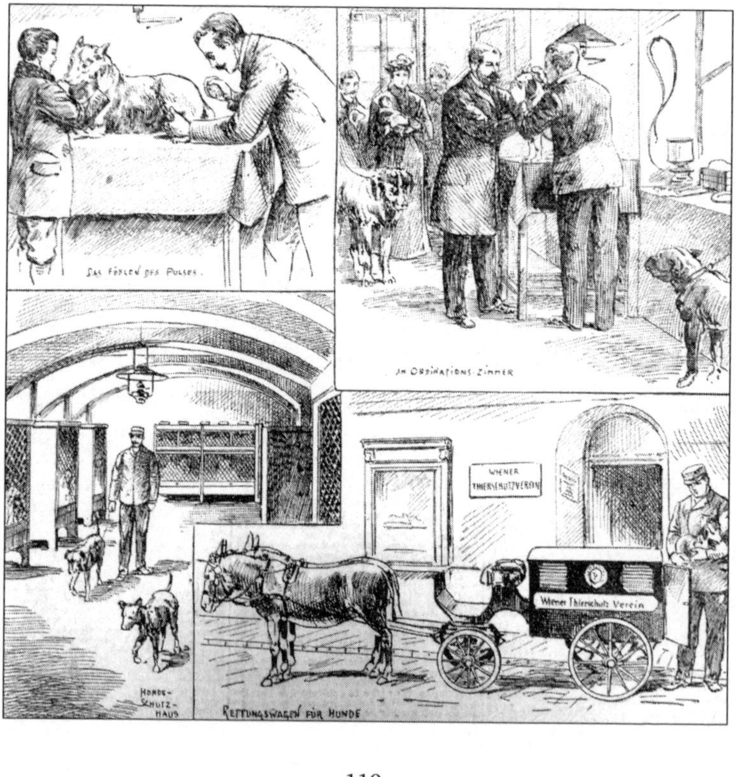

13. September 1901

WIE MAN EINEM KROKODIL DIE HÜHNERAUGEN SCHNEIDET

Für die Behandlung und für eventuell notwendige Operationen von Kleintieren stand dem Pflegepersonal des New Yorker Zoos aus Sicherheitsgründen eine Art Zwangsjacke für unberechenbare Patienten, falls diese zuviel Krallen zeigen sollten, zur Verfügung. Beziehungsweise hatte sich zu Beginn des 20. Jahrhunderts auch die Verwendung von Chloroform bei Tieren durchgesetzt. Schwieriger gestaltete sich die Handhabung und Behandlung größerer Tiere, auch wenn sich das Leiden auf eine Banalität wie Hühneraugen beschränkte. Kein Wunder also, dass die Operation eines Krokodils, an dessen Klaue ein „Clavus" diagnostiziert wurde, zu einem öffentlich zelebrierten Publikumsspektakel geriet. Als das Hühnerauge des Reptils bereits die Größe einer Kartoffel erreicht hatte, das Tier sich vor lauter Schmerzen nicht mehr bewegen konnte und bereits anderen Artgenossen gegenüber äußerst aggressiv reagierte, entschloss man sich zur Operation.

Dazu mussten die Pfleger zuerst einmal das 400 Kilogramm schwere, vier Meter lange und mehr als einen Meter breite Tier einfangen, was nur durch das vorherige Leeren des Alligatorteichs gelang. Danach wurde dem fußmaroden Reptil ein großer Sack über den Kopf gezogen, um es zu blenden, es wurde mit Seilen an ein Gerüst festgebunden und mittels Kokain-Infiltrationen schmerzunempfindlich

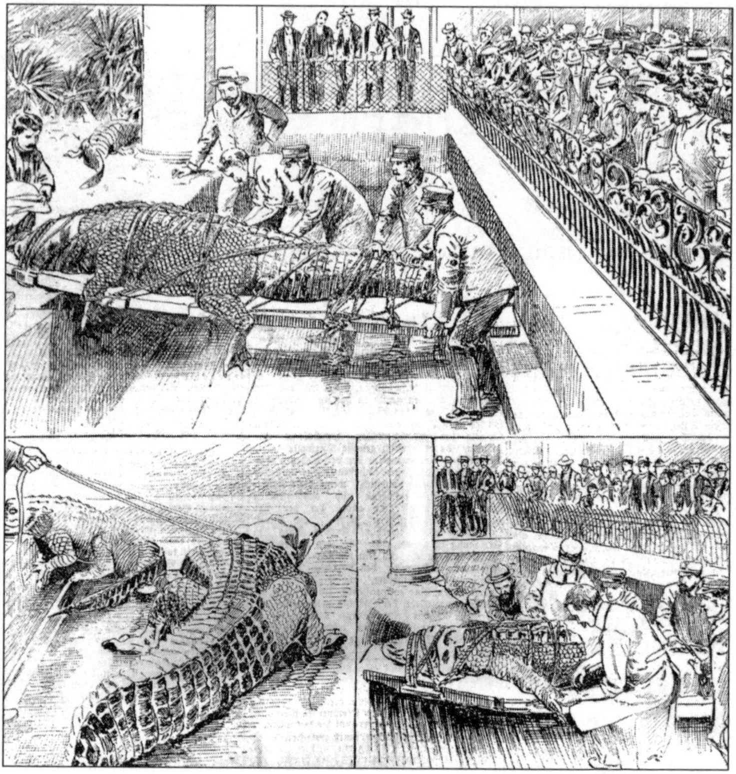

gemacht. Der kürzeste Zeitaufwand bestand aus der Operation selbst, die innerhalb von zehn Minuten über die Bühne gegangen war.

Die Aufsehen erregenden Szenen im Central Park von New York fanden ihre Erstveröffentlichung als dreiteilige Bilder-Folge in der amerikanischen Zeitschrift „Leslie's Weekend“ und wurden kurz darauf vom „Illustrierten Wiener Extrablatt“ für die Schaulustigen am Donaustrom übernommen.

4. Juli 1873

DAS AQUARIUM

Der Wiener Prater war seit seiner Öffnung im Jahr 1766 durch Kaiser Joseph II. (1741–1790) eine ungemein beliebte Flanier- und Unterhaltungsmeile, noch bevor die begrünten, blumenreichen Basteien, die das Alte Wien (heute: Innere Stadt) umgaben, ebenfalls für die Öffentlichkeit freigegeben worden waren. Die drei Kaffeehäuser auf der Prater Hauptallee erfreuten sich viele Jahrzehnte hindurch gleich anhaltenden Zulaufs. Da sie häufig ihre Besitzer wechselten, gingen diese Vergnügungsetablissements der Einfachheit halber unter der Bezeichnung „Erstes", „Zweites" beziehungsweise „Drittes Kaffeehaus" in die Wiener Stadtgeschichte ein.

In den weitläufigen Fluren, die dem Wiener Publikum im Prater zur Verfügung standen, gab es immer wieder neue Attraktionen zu entdecken, dazu gehörte der Tiergarten am Schüttel, das Weltausstellungs-„Riesenbaby" Rotunde, der Feuerwerksplatz des Georg Johann Stuwer und der heute noch aktive Wurstelprater mit seinem Riesenrad.

Zu den Prater-Attraktionen zählte zur Zeit der Weltausstellung 1873 auch eine riesige Anlage mit Meerestieren, die in einer sehr frühen Originalzeichnung im „Illustrierten Wiener Extrablatt" der Leserschaft präsentiert wurde. Zwar befanden sich in dem Gebäude auf der „Nobelallee" des Praters nicht nur mehrere Aquarien, sondern auch Terrarien mit Riesenschildkröten, Krokodilen, Krebsen und Seehunden – die Hauptattraktion bildete aber die überdimensionale Auslagenscheibe der „Meerwasser"-Anlage. Sämtliche Kreaturen, ob sie elegant durchs Wasser schwammen oder am Meeresboden kreuchten und fleuchten, wurden vom Illustrator äußerst detailreich und liebevoll wiedergegeben. Auch auf die Vertreter der menschlichen Gattung im Vordergrund hatte der Zeichner nicht vergessen.

Sichteinschränkend dürften die hohen Zylinderhüte auf die eher kleingewachseneren Besucher gewirkt haben. Dieser stolze Kopfschmuck war Statussymbol der damaligen Männermode, ebenso wie so manch üppiger Bart, den ein erwachsener Mann zu tragen hatte, um sich nicht gar dem Verdacht der Homosexualität auszusetzen.

7. Dezember 1889

DER SCHIMMEL IM ERSTEN STOCK

Ab und zu kam die Wiener Bevölkerung auch gratis auf ihre Kosten, um Tiere in Räumen, wo sie eigentlich nicht hingehören, zu bestaunen. Wie im Fall eines Schimmels, der seinen Kopf aus dem Fenster im ersten Stock eines Wohnhauses reckte. Diese ungewöhnliche Szene hatte ihren Ursprung in der Schnapsidee eines Schusters. Dieser wollte einem Kutscher ein Pferd unter der Bedingung abkaufen, dass ihm das Tier „franco Wohnung", also portofrei für den Empfänger, geliefert werde. Der Pferdebesitzer nahm diese Aufforderung nur allzu wörtlich und beförderte das Tier über eine schmale, aus 21 Stufen bestehende Wendeltreppe in den ersten Stock, direkt in die Werkstätte des verblüfften Empfängers. Für das Pferd bestand bei dieser Spaßaktion allerdings äußerste Verletzungsgefahr, auch wenn im Artikel beteuert wird, das Tier habe sich früher im Eigentum des bekannten Heurigensängers und Fiakers Josef Bratfisch (1847–1892) befunden und unter dessen Behandlung hätte es ohnedies die unterschiedlichsten Strapazen auf sich nehmen müssen. Vielleicht gehörte das Tier gar zu einem jener Pferde, die der Kutsche vorgespannt worden waren, um die 17-jährige Mary Vetsera, die Geliebte von Kronprinz Rudolf, Ende Jänner 1889 in den Wienerwald nach Mayerling zu bringen. Im Dezember desselben Jahres warf das Pferd für wenige

Minuten einige Blicke auf die riesige Menschenmenge, die sich innerhalb weniger Minuten in der Veronikagasse in Hernals gebildet hatte und sich ebenso rasch wieder auflöste, nachdem der Schuster gegen eine geringe „Portogebühr" dem Kutscher das Pferd umgehend retourniert hatte. Von Nachahmungen derartiger Aktionen bat das „Illustrierte Wiener Extrablatt" seine Leserschaft eindringlich, Abstand zu nehmen.

7. April 1888

DIE NEUESTEN ANWENDUNGEN DER ELEKTRIZITÄT

In den 1880er-Jahren war das Zeitalter der Elektrizität angebrochen, um nicht zu sagen: ausgebrochen. Vor allem für die Zivilgesellschaft bedeutete diese neue Energieform eine Reihe an Erleichterungen im Alltag und Beruf, die die

oft anstrengende körperliche Arbeit – und in manchem Fall letztlich die menschliche Arbeitskraft selbst – obsolet machte. „Die Elektrizität hat sich der verschiedenartigen Zweige der Mechanik bemächtigt und wird als Motor in Anwendung gebracht", schrieb der Redakteur in seinem Text zu den Bildern im „Illustrierten Wiener Extrablatt" am 7. April 1888 und listete eine Reihe dieser neuen modernen Möglichkeiten auf. Die klassische Wippbewegung, um mit dem Fuß die Nähmaschine in Gang zu setzen, gehörte nun der Vergangenheit an. Wie bald darauf die Pferdestraßenbahn und Dampflokomotive, nachdem die öffentlichen Verkehrsmittel wie Tramway und Eisenbahn sukzessive per Oberleitung mit Strom versorgt wurden. Die Feuerbekämpfung übernahmen nun elektrische Spritzgeräte und für medizinische Untersuchungen stand dem Arzt eine mit Strom betriebene Sonde zur Verfügung, die das Innere des Magens beleuchten konnte.

Die negativen Auswirkungen von so mancher technischen Neuheit sind evident und wirken umso verstörender, wenn die „Praktikabilität" des elektrischen Stuhls und der Nutzen der elektrischen Nähmaschine quasi gleichermaßen angepriesen werden, wie es bei den Bildern auf Seite 117 der Fall ist. – Als Autor steht man einer derartigen Blauäugigkeit, die aus heutiger Sicht von blankem Zynismus und tiefster Inhumanität geprägt ist, beinahe hilflos gegenüber, vor allem wenn es notwendig ist, rasch zu einem dem Buch angemessenen Erzählton zurückzufinden.

11. August 1927

ALLES ELEKTRISCH

Die Begeisterung der Menschheit an den neuesten elektrotechnischen Geräten und deren „kreative" Weiterentwicklung riss auch mehr als 30 Jahre später (und letztlich bis in die Gegenwart) nicht ab. Wie die vier exemplarischen Bilder vom August 1927 zeigen, ist der Großteil der Innovationen, wie die elektrische Zahnbürste, der „elektrifizierte Selbstraseur" und die elektrische Haarschneidemaschine in das Alltagsleben der Gegenwart integriert, auch wenn deren manuelle ältere Geschwister, wie Schere und Rasierklinge, sich bis heute weiter durchsetzen können.

Nur die Apparatur, mit der „der zahlungsfreudige Kaufmann mit den sechs Federn seiner elektrischen Schreibmaschine sechs Schecks zugleich ausfüllen" konnte, löst bei gegenwärtiger Betrachtung eher Befremden aus und dürfte schon damals den Charme eines Ladenhüters besessen haben.

So sehr die Elektrizität den modernen Menschen das Leben erleichterte, war mit der Erfindung des elektrischen Stuhls auch ein Gerät geschaffen worden, um das Leben von Menschen vorzeitig zu beenden. Die Faszination, den Tod eines mutmaßlichen Verbrechers rasch herbeizuführen, war offenbar größer, als die Ablehnung gegenüber jeglicher Tötung menschlicher Lebewesen. Es war nicht das erste Mal und sollte auch nicht das letzte Mal gewesen sein, dass technologische Neuheiten über einen vernünftigen Einsatz und über moralische Grenzen hinaus eingesetzt worden sind beziehungsweise werden.

Die Berichterstattung zu diesem Thema war aus heutiger Sicht erstaunlich kritiklos. Am 7. April 1888 schrieb man

im „Illustrierten Wiener Extrablatt“ dazu folgendes: „Das Projekt, die Elektrizität zur Hinrichtung von zum Tode Verurteilten zu verwenden, findet in der letzten Zeit große Aufmerksamkeit, und wenn es noch nirgends zur Annahme gelangt ist, so liegt der Grund gewiss nicht darin, dass es nicht zweckmäßig wäre. Drei Dinge sprechen jedenfalls zu Gunsten der elektrischen Hinrichtung: dieselbe vollzieht sich schmerzlos, rasch und sicher.“

22. August 1888

DIE HINRICHTUNG MITTELS ELEKTRIZITÄT. VERSUCHE AN EINEM HUND

Die ersten Zweifel an der viel gepriesenen Praktikabilität und Unbedenklichkeit einer Hinrichtung per elektrischem Strom dürfte die Redaktion des „Illustrierten Wiener Extra-

blatts“ schon wenige Monate später, im August 1888, gehegt haben, als in einer Bergbauschule im nordamerikanischen Columbia die tödliche Wirkung mittels Elektrizität bei Lebewesen erprobt worden war. Die überzeugend aufrüttelnde Illustration ließ es nicht nur Tierfreunden eiskalt über den Rücken laufen, als unter dem Deckmäntelchen einer „modernen Wissenschaft“ ein verdrahteter Hund mit Stromstößen zu Tode gequält wurde: Ein Neufundländer kämpft um sein Leben, als Gleichstrom im Ausmaß von 1000 Volt durch seinen Körper geleitet wird. Weil das Tier diese Prozedur überlebte, wurde das Experiment mit Wechselstrom in der Höhe von 330 Volt wiederholt. Innerhalb von fünf Sekunden hatte der Hund ausgelitten. Weitere Tiere, die zu derartigen Versuchszwecken herangezogen werden sollten, konnten von einem Mitglied der „Society for the Prevention of Cruelty to Animals“ (Verein zur Verhütung von Grausamkeiten gegen Tiere) rechtzeitig gerettet werden.

14. Juni 1883

EINE ELEKTRISCHE TRAMWAY

In Wien waren noch weit in die 1890er-Jahre hinein die Pferdestraßenbahnen für die Aufrechterhaltung des öffentlichen Verkehrs verantwortlich. Erst ab 1897 wurden die Rösser als natürliche Antriebskraft abgebaut, in den Stall gestellt und sukzessive durch ein elektrisches Antriebssystem ersetzt.

Ein Bild aus jenen Zeiten, als die Tramway das pferdeunabhängige Laufen lernte, stammt aus dem Jahr 1883. Im dazugehörigen Text werden die erfolgreichen Versuche beschrieben, die in London und Berlin durchgeführt worden waren. Auch Wien sollte bald in den Genuss kommen, anlässlich einer „elektrischen Ausstellung" auf einer Strecke, die vom Praterstern bis zur Ausstellungshalle in der Rotunde führte, zum ersten Mal elektrisch unterwegs sein zu können. Ausgestattet waren derartige Gefährte natürlich noch lange nicht mit einer Oberleitung, sondern mit einem elektrischen Energiespeicher im Wageninneren: „Der Akkumulator besteht aus einer gewissen Anzahl Elementen, die durch einen Griff des Kondukteurs vermindert, vermehrt, oder völlig wirkungslos gemacht werden können, je nachdem der Wagen langsam oder rasch fahren oder ganz zum Stillstehen gebracht werden soll."

Eine Reihe von Vorzügen wurden dem neuen elektrotechnischen Fortbewegungsmittel beschieden: Es sei weitaus günstiger als jene Fortbewegungsmittel mit Pferdebetrieb,

es erzeuge keinen Lärm und „der Passagier sitzt in dem feschen Coupé und merkt gar nicht, dass unter seinem Sitz die geheimnisvolle Kraft ihre Fäden spinnt". Tatsächlich ist auf dem Hauptbild deutlich zu erkennen, was sich unter den samtgepolsterten Sitzen verbarg, nämlich die zahlreichen Zellen des Akkumulators. Sieben Stunden sei ein durchgehender Fahrbetrieb mit dieser Antriebstechnik gewährleistet, danach wäre eine Versorgung durch „frischen elektrischen Hafer" notwendig.

26. Mai 1894

EINE AMERIKANISCHE WINDBAHN

Dem Menschen waren in den hochmodernen Zeiten des ausgehenden 19. Jahrhunderts bei der Entwicklung neuer alternativer Fortbewegungsmittel keine Grenzen gesetzt. Und nicht jeder Erfindergeist investierte seine Kreativität in moderne Energieträger der damaligen Epoche, wie dem Dampfantrieb und der Elektrotechnik. Das beweist auch

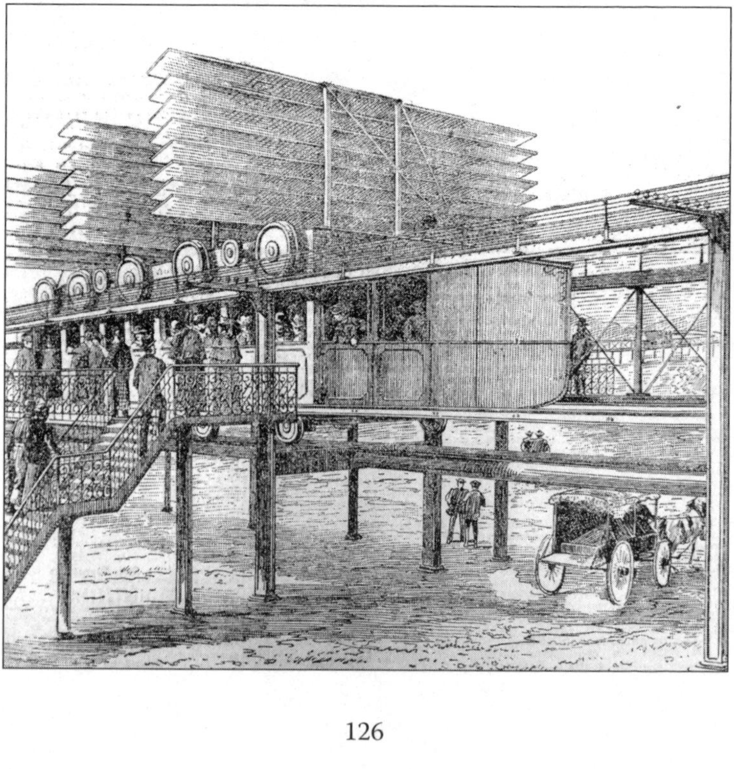

die Illustration der „Windbahn", deren wichtigste Energiequelle zur Fortbewegung die natürliche Windkraft bildete, eine Technik, die bisher lediglich Windmühlen und Luftmotoren vorbehalten war: „Auf dem Dach des Waggons sind Gestelle mit großen verschiebbaren Brettern nach Art unserer Fensterrouletten (Jalousien, Anm.) angebracht, welche als Windfang dienen. Durch den Anprall der Luft an dieselben wird der Waggon vorwärts bewegt."
Um einer drohenden Entgleisung bei allzu starkem Wind vorzubeugen, lief das windbetriebene Transportmittel auf zwei Reihen von Rädern und doppelten Schienen. Eine weitere notwendige Sicherheitsmaßnahme bestand in der geradlinigen Bauweise der Eisenbahntrasse, um auch hier das Risiko einer Entgleisung durch zu kurvenreiche Richtungsänderungen einzudämmen. Bei völliger Windstille war Vorsorge dafür getroffen worden, den Fahrbetrieb mittels Elektrizität aufrecht erhalten zu können. Obwohl alleine die äußerst preisgünstige Energiequelle Wind für ein derartiges Projekt gesprochen hätte, kam es nicht einmal zum Bau der geplanten Probestrecke zwischen New York und San Francisco.

21. Mai 1907

DIE EINGLEISIGE BAHN DER ZUKUNFT

Noch futuristischer anmutend als das Modell der amerikanischen Windbahn wirkte das Bild einer „eingleisigen" Eisenbahn vom Mai 1907. Die damalige Bezeichnung „eingleisig" könnte mehr als hundert Jahre später zu Missverständnissen führen. Gemeint war damit keine eingleisige Streckenführung von Straßen- oder Überlandbahnen, sondern das Prinzip der „Einschienenbahn" des Iren Louis Brennan (1852–1932). Bereits als 20-Jähriger wurde der ehemalige Uhrmacher seinem erlernten Handwerk untreu und ließ seinen Erfindergeist mit der Entwicklung eines neuartigen drahtgesteuerten Torpedos sprühen. Hoch dafür gelobt und mit dem Ankauf des Patents durch das britische Kriegsministerium belohnt, stellte sich die Erfindung letztlich als nicht praxistauglich heraus. Daraufhin wandte sich Brennan hoffnungsfroh seinem neuen Projekt, der „eingleisigen" Bahn, zu.

Das „Gyroskop", wie es von Louis Brennan genannt wurde, basierte auf dem System eines mechanischen Kreisels, „den man bekanntlich auf einem Zwirnsfaden balancieren lassen kann". Mit Elektrizität gespeist ließe sich, so der Erfinder, eine Geschwindigkeit von 150 bis 200 Kilometer in der Stunde erreichen. Nach Anfertigung einer Reihe von Modellen führte Brennan das „Gyroskop" zum ersten Mal der Öffentlichkeit in seiner tatsächlich geplanten Größe vor. Trotz allgemeiner Anerkennung scheiterte die massentaugliche Umsetzung dieses physisch ausgeklügelten Riesenspielzeugs. Die Gründe dafür lagen weniger am Desinteresse einer praktischen Durchführung als am Unglauben physikalischer Gesetze gegenüber. Es wurde befürchtet, das Kreiselsystem könnte eventuell versagen und zu schweren Unfällen führen.

Zumindest der originelle Ausdruck „Gyroskop“ blieb der Nachwelt im Bereich der Technik erhalten. In späteren Jahren wurde diese Bezeichnung für einen sehr „weltenbewegenden“ Apparat wiederverwendet, nämlich ein Messgerät für den Nachweis der Achsendrehung der Erde.

29. April 1907

DAS GEHEIMNISVOLLE LUFTSCHIFF DER BRÜDER WRIGHT

Wer oder was war für die mehrjährige Verzögerung verantwortlich, bis endlich auch dem „Illustrierten Wiener Extrablatt" klar gewesen sein dürfte, welch technischer Geniestreich hinter der Erfindung des ersten motorisierten Flugzeugs steckte? Konnten die Brüder Orville (1871–1948) und Wilbur (1867–1912) Wright ihre ersten erfolgreichen, bereits im Dezember 1903 durchgeführten Flugversuche tatsächlich mehr als drei Jahre vor der Öffentlichkeit geheim halten? Diese Fragen stellen sich, wenn man heute das Titelblatt der Zeitung vom 29. April 1907 betrachtet, auf dem die brüderlichen Flugpioniere mit ihrem „geheimnisvollen Luftschiff" das erste Mal erwähnt wurden. Eine Bestätigung für die jahrelange Geheimhaltung liefert auch die illustrierte Wiedergabe eines Flugapparats, die einer englischen Fachzeitschrift entnommen worden war, die „keineswegs eine getreue Wiedergabe der Wright'schen Flugmaschine" zu sein beanspruchte.

Der Zweck dieser mehrjährigen Geheimhaltung lag offensichtlich am raschen Interesse der amerikanischen Regierung, die sich den rechtlichen und technischen Anspruch auf diese lufttauglichen Geräte zu sichern wusste, um nun ihrerseits damit zu beginnen, die „Aeoroplane zu Aufklärungszwecken im Krieg oder zum postalen Schnellverkehr"

weiterzuentwickeln und einzusetzen. Laut einem gut informierten Mitglied des „Wiener Flugtechnischen Vereines“ seien Ende 1906 bereits sieben amerikanische Flugmaschinen fertiggestellt gewesen und „ist es nicht ausgeschlossen, dass uns die Neue Welt damit überrascht, im Besitz einer ganzen Luftflottille zu sein.“

24. Oktober 1909

DER FLUG BLÉRIOTS ÜBER DIE SIMMERINGER HEIDE

Louis Blériot gehörte neben dem Brüderpaar Wright zu den bis heute bekanntesten Flugpionieren. Weltruhm erlangte er mit seinem atemberaubenden Flug über den Ärmelkanal, von Calais nach Dover am 25. Juli 1909. Mit diesem Erfolg in der Tasche ging die französische Zelebrität mit einer Flugshow auf „Welt-Tournee" und stattete im Oktober desselben Jahres auch Wien einen Besuch ab. Auf der noch relativ unverbauten Simmeringer Heide löste er am 23. Oktober 1909 einen noch nie da gewesenen Hype aus: Sogar die beliebten öffentlichen Hinrichtungen des frühen 19. Jahrhunderts wurden von der Anzahl der Schaulustigen um ein Zehnfaches übertroffen: 300.000 Neugierige wollten sich dieses Spektakel nicht entgehen lassen.

Die hiesigen Zeitungen überschlugen sich in Kapriolen bei der Beschreibung dieses Ereignisses. Die Faszination des absolut noch nicht Dagewesenen, das erste Mal dabei sein zu können, wenn sich ein derartiger Apparat vom Boden wegbewegt und sich für längere Zeit eigenständig in der Luft halten konnte, war vielen Blättern einige Tage vorher und nachher mehrere Seiten an aktueller Berichterstattung wert. Schon die Ankunft Blériots am Wiener Südbahnhof zwei Tage vor dem eigentlichen Event lieferte erste Details über den französischen Luftpionier für ein noch nicht durch Fotografien verwöhntes Leserpublikum: „Blériot ist ziemlich schlank, von mehr als Mittelgröße. Das runde, gesund gerötete Gesicht erhält durch die ziemlich beträchtliche Hakennase, unter der ein dichter brauner Schnurrbart über die Mundwinkel herabhängt, einen Ausdruck großer Energie."

Am Tag der Flugshow bewegte sich eine riesige Welle an interessierten Zuschauern mit verschiedensten Verkehrsmitteln – per Fiaker, per Automobil, per Taxi – und per pedes auf die Simmeringer Heide zu. Als ein weiterer wichtiger Zubringer diente die bereits elektrische Straßenbahn, die – wie ansonsten nur am Allerheiligentag – in einem äußerst knappen Intervall geführt wurde: „Von fünf zu fünf Minuten fuhren Züge ab, ein Wagen dicht hinter dem anderen."

Natürlich geruhte auch der knapp 80-jährige Franz Joseph I. an diesem Spektakel teilzunehmen. Nachdem Blériot seine Flugmontur angelegt hatte, stattete ihm der greise Monarch einen Besuch im Schuppen (frz.: hangar) ab. Für die Nachwelt blieben auch die historischen Worte des Kaisers, die er an Blériot gerichtet hatte, erhalten: „Dieses herrliche Wetter! Das ist für den Flug ja wie geschaffen!" Und über seine treu ergebenen Untertanen meinte er: „Da sieht man das Interesse der Bevölkerung für diese Erfindung. Es freut Mich sehr, dass Meine lieben Wiener ein so lebhaftes Interesse für die Aviatik an den Tag legen."

Dann bewegte sich Blériot mit seinem „Monoplan" aus dem Flugzeugschuppen. „Er dreht einmal an dem Holz der Flügelschraube und gleich tritt die Zündung ein. Vorne saust der Propeller im Kreis, der Motor beginnt zu knattern und gleich darauf fährt der Eindecker aus der Halle heraus auf

das Flugfeld, leicht und sylphidenhaft eilt er über das Terrain dahin." – Insgesamt zweimal erhebt sich der Aviatiker mit seiner Maschine in die Lüfte. Nach dem ersten Flug, der 22 Minuten dauerte, und einer glatten Landung, durfte die anwesende Menschenmasse für weitere 16 Minuten bei diesem Spektakel den Atem anhalten. – Persönlich huldigen, lobpreisen und die Hände küssen konnten die

Zuschauer ihren neuen Helden nicht mehr. Dieser hatte sich gleich nach der Landung klammheimlich mit einem Wagen von der Simmeringer Heide wegbegeben. „Der Apparat wurde demontiert, zwei Möbelwagen fuhren vor, in welche die Maschine verpackt und zum Staatsbahnhof geführt wurde, um nach Bukarest befördert zu werden, wo Blériot den nächsten Schauflug veranstaltet."
Weniger glatt als der Flug verlief der Rückreiseverkehr des enthusiasmierten Publikums. Der allzu jähe Aufbruch führte zu einem Verkehrschaos, das aber recht glimpflich verlief, da sich dabei keine nennenswerten Unfälle ereigneten.

25. Oktober 1913

DER AEROPLANFLUG UNTER DER REICHSBRÜCKE

Das Motto „schneller, höher, weiter“ bildete schon immer eine Triebfeder für jene Leute, die entweder bereits bestehende Rekorde brechen oder Aufsehen erregen wollten mit einer spektakulären, noch nie da gewesenen Aktion. Letz-

teres dürfte einem Aviatiker durch den Kopf geschossen sein, als er seinen Plan, unterhalb der Reichsbrücke mit seinem Fluggerät durchzufliegen, in die Tat umsetzte.
Vom neugeschaffenen Flugfeld in Aspern, einem riesigem Areal im nordöstlichen Wien, auf dem sich heute die moderne Seestadt befindet, brach der junge österreichische Pilot zu seinem „Jungfernflug“ unterhalb der Reichsbrücke auf. Ein unvorhergesehener technischer Zwischenfall hätte beinahe zum Scheitern dieses waghalsigen Unternehmens geführt. Ein Zuflussrohr war defekt geworden und zwang den Piloten zu einer unfreiwilligen Landung am Donauufer. Mit Hilfe eines in der Nähe wohnenden Kupferschmieds konnte der Schaden in Windeseile repariert werden und nun stand dem aeronautischen Kunststück – außer der Brücke selbst – nichts mehr im Wege: Der Pilot „strich mit seinem Flugzeug dicht über dem Spiegel der Donau und schoss vor den Augen zahlreicher Zuschauer zwischen den Pfeilern der Reichsbrücke durch.“
Geflogen ist der aus Ungarn gebürtige junge Mann mit einer „Etrich-Taube“, einer österreichischen Konstruktion, benannt nach dem gleichnamigen Flugpionier Ignaz Etrich (1879–1967), der bereits 1909 damit begonnen hatte, flugtaugliche Geräte zu konstruieren.
Welche rechtlichen Folgen diese Aktion nach sich zog, eventuell wegen möglicher Gefährdung von Zivilpersonen und mutwilliger Sachbeschädigung von öffentlichen Einrichtungen, ist nicht bekannt und hatte auch gesetzlich noch keine offizielle Regelung gefunden.

16. Oktober 1911

DER AEROPLAN IM DIENSTE DER POLIZEI

Neben derartigem Schabernack made in Austria veröffentlichte das „Illustrierte Wiener Extrablatt" in den Kleinkindertagen der Aviatik auch Illustrationen, die sich fernab jeglichen Spektakels zum allgemeinen Nutzen der Mensch-

heit und konkret der Kriminalitätsbekämpfung würdig zeigten. Dazu gehörte zweifellos die „Verfolgung eines Mörders mit einem Flugapparat" im Oktober 1911. In einer Art vorsintflutlich anmutenden Verfolgungsjagd à la James Bond wurde im Staat Illinois mittels Einsatz eines Flugzeugs ein Mörder dingfest gemacht. Ein sich zufällig in der Nähe des Tatorts aufhaltender französischer Pilot wurde von einem Polizisten gebeten, die Verfolgung des Verbrechers, der sich bereits einen beachtlichen Vorsprung verschaffen konnte, per Flugzeug aufzunehmen. Tatsächlich gelang es dem Piloten, seine Flugmaschine nach kurzer Zeit mitten in einem Maisfeld zum Landen zu bringen, von wo aus der Polizist sich neuerlich an die Fersen des Flüchtenden heften konnte.

Der beschriebene Vorfall zählte im September 1911 zum ersten und bisher einzigen bekannten Fall eines derartigen Polizeieinsatzes. „Aber wer weiß", sinnierte der Redakteur weiter, „ob nicht in Zukunft noch Polizei-Agenten-Luftschiffeabteilungen errichtet werden."

13. Februar 1912

DER „STORCH“ IM FLUGAPPARAT

Bei der Berichterstattung über das Flugwesen durfte natürlich die Liebe nicht zu kurz kommen, besonders wenn wenige Jahre nach den ersten sensationellen Berichten über

die Möglichkeit des Fliegens sich fast schon so etwas wie eine gewisse Normalität und Selbstverständlichkeit breitgemacht hatten.

Das „Wiener Illustrierte Extrablatt“ führte einer riesigen Menge an Schaulustigen den ersten Kuss eines Brautpaares vor Augen, den diese sich in 2000 Metern Höhe oberhalb des Asperner Flugfeldes gaben. Der Zeichner, der – wie die Zeitung betonte – nicht mitgeflogen war, hatte diese Begebenheit mit viel Fantasie wiedergegeben.

Es war nicht der „Jungfernflug“ der mutigen Windsbraut, sie hatte schon einige Erfahrungen in der Luft sammeln können – war doch ihr Bräutigam der Oberleutnant von Blaschke, einer der besten Aviatiker Wiens.

Wenige Monate später wurde von einem Münchener Ehepaar berichtet, das seine Hochzeitsreise per „Aeroplan“ angetreten hatte.

Nach diesen ersten Höhenflügen an Liebesbeweisen war es letztlich nur eine Frage der Zeit, bis die Nachrichtenmagazine von der ersten (bekanntgewordenen) Luftgeburt berichten konnten. Ein New Yorker Bankier-Ehepaar hatte damit allerdings nicht Exzentrik im Sinn, sondern wurde von den Wehen, die bei der Frau plötzlich eingesetzt hatten, völlig überrascht. Kurz nachdem das Flugzeug den sicheren Boden erreicht hatte, war das Kind auch schon geboren. Abgesehen von dieser Freudenmeldung über den neuen Erdenbürger beschäftigte den Verfasser des Artikels die brennende Frage, wie denn eine Luftgeburt rechtlich zu bewerten sei: „Die Entwicklung der Aviatik hat bekanntlich dazu geführt, dass analog dem Wasserrecht ein Luftrecht geschaffen werden muss. Dieses wird sich nunmehr auch mit der Frage beschäftigen müssen, wohin ein Kind, das in der Luft, vielleicht gar in einer Schichte, wo von der Zugehörigkeit zu einem Land nicht mehr die Rede sein kann, geboren wurde, gehört. Nannte man bisher die Menschen Staubgeborene, so wird man diejenigen, die im Aeroplan zur Welt kommen als Luftgeborene bezeichnen dürfen."

10. Juni 1911

KAMPF EINES AVIATIKERS MIT EINEM ADLER

Während symbolische Flügelwesen wie Gott Amor oder der Storch Liebesglück und Kindersegen für so manch amouröses Paar bringen konnte, wurde ein realer Vogel rasch zum tödlichen Verhängnis für Flugzeuge und dessen Piloten. Eine zusätzliche tragische Note bekam die Abbildung auf der Titelseite vom „Illustrierten Wiener Extrablatt" am 10. Juni 1911, als sich ein Aviatiker einen spektakulären Luftkampf mit einem plötzlich auftauchenden Adler liefern musste. Während sich die Leser noch im Laufe desselben Tages von der Illustration beeindrucken ließen, ereignete sich auf dem Wiener Neustädter Flugfeld das bisher schwerste heimische Flugzeugunglück, das ganz Österreich erschütterte. Der Aviatiker Vincent Wiesenbach (1880–1911) war während einer solchen Begegnung in luftiger Höhe mit seiner Maschine abgestürzt und dabei ums Leben gekommen.
Eröffnet wurde das älteste auf dem europäischen Kontinent bestehende Flugfeld von Wiener Neustadt im November 1909. Von diesem aeronautischen Start- und Landeplatz aus konnte der Flugpionier Karl Illner in den Anfängen des Flugwesens mit einer österreichischen Konstruktion, der „Etrich-Taube" (benannt nach dem Ingenieur Ignaz „Igo" Etrich) einige bedeutende Streckenrekorde innerhalb Österreichs aufstellen.

Zurück zum fatalen Flugmeeting auf dem Wiener Neustädter Flugfeld, das für insgesamt drei Tage anberaumt war. Vincent Wiesenbach, der in den Diensten der Flugpionier-Brüder Wright stand, ging mit einem von ihm selbstkonstruierten Eindecker an den Start, um sich zumindest in zwei Kategorien Preise zu sichern, die bei diesem Meeting vergeben wurden: der Preis für den längsten Dauerflug und der Preis für eine Neukonstruktion. Genau diese Neukonstruktion wurde dem Piloten zum tödlichen Verhängnis. Erst am Vortag hatte Wiesenbach den nicht sehr sorgfältig ausgestalteten Flugapparat zum ersten Mal geflogen. – Da sich der Unfall in einiger Entfernung vom Publikum hinter einer Militärbaracke abspielte und die Konzentration auf weitere Aeroplane, die sich gerade in der Luft befanden, gerichtet war, blieb der Absturz längere Zeit unentdeckt. Als die Rettungsleute und die Ärzte bei der Unfallstelle eintrafen, konnten sie nur mehr den sofort eingetretenen Tod des Piloten feststellen.

Dieses tragische Ereignis zog in Österreich völlig neue Sicherheitsregeln im Bereich des Flugwesens nach sich. International betrachtet waren Aviatikerabstürze in diesen Jahren schon lange keine Seltenheit mehr. Das „Illustrierte Wiener Extrablatt" schätzte die Zahl der Verunglückten, die innerhalb eines Jahres bei Flugversuchen ums Leben gekommen waren, auf weit mehr als hundert. Abstürze, ob durch technisches oder menschliches Versagen hervorgerufen, die mit leichteren oder schwereren Verletzungen einen noch relativ glimpflichen Ausgang genommen hatten, standen quasi an der Tagesordnung.

14. August 1888

DER RADFAHRER-CORSO ÜBER DIE RINGSTRASSE

Der Begriff „Drahtesel“ stammt aus einer Zeit, als sich das Fahrrad langsam, aber sicher zu einer modernen Fortbewegungs-Alternative (und -Konkurrenz) zum Pferd entwickelte. Auch Bezeichnungen wie „Stahlross“ und „eisernes Pferd“ galten in der Anfangszeit als Synonyme für dieses moderne Fortbewegungsmittel auf zwei Rädern. Während sich das Aussehen des Pferdes in den letzten Jahrhunderten nicht verändert hatte, durchlief das Fahrrad im Laufe weniger Jahre – von den ersten „Gehversuchen“ auf einer hölzernen Draisine um 1817 herum bis zur Entwicklung des modernen „Niederrades“ – eine spannende Metamorphose, bis hin zu einem praktikablen Gerät, das die Gesundheit der Sportbegeisterten förderte und immer häufiger auch zum alltäglichen Bild des innerstädtischen Straßenverkehrs gehörte.

Völlig unverständlich aus heutiger Sicht wirkt auf uns die Konstruktion eines Hochrades. Eine physikalische Erklärung für diese seltsam anmutende Hochkonstruktion bietet die „Kraftübertragung auf die Pedale“. Aber wer weiß – vielleicht waren vor allem Standesdünkel für die Höhe des Fahrrades verantwortlich: Der Fahrer eines Hochrades konnte auf jene Menschen, die sich ein derartiges Fortbewegungsmittel noch nicht leisten konnten, genauso hinabblicken, als säße er im Sattel eines Pferdes. Das kostspielige Hochrad galt anno dazumal als modernes Prestigeobjekt der Oberschicht.

Ende der 1880er-Jahre kam das Hochrad bereits derartig häufig zum Einsatz, dass dieses moderne Fortbewegungsmittel offizielle Bundestage für Radfahrer rechtfertigte. Der „fünfte Bundestag der deutschen Radfahrer" fand im August 1888 in Wien statt und zog mehr als tausend Bicyclisten mit ihren Hochrädern an. Der Öffentlichkeit wurde von den Radfahrern ein feierlicher Corso auf der granitgepflasterten Ringstraße gewidmet. Mehr als 30 Radfahrer-Verbände aus ganz Österreich-Ungarn und Deutschland nahmen laut „Illustriertem Wiener Extrablatt" „hoch zu Ross" daran teil.

8. Februar 1896

WIE DAS BICYCLE GEMACHT WIRD

Mit der Entwicklung des sogenannten Niederrades war es einige Jahre später nun jedermann möglich, sich ohne Schwierigkeiten in den Sattel des modernen Pferdeersatzes aus Eisen und Drähten zu begeben. Vor allem konnte durch die einsetzende Massenproduktion der Preis für ein Fahrrad niedrig gehalten werden, damit sich auch der „kleine Mann“ und die „kleine Frau“ dieses Fortbewegungsvergnügen leisten konnten.
Neben Pferd, Automobil und Straßenbahn war es nun auch das Fahrrad, das als ernstzunehmendes Fortbewegungsmittel langsam Anerkennung fand. Und der Redakteur des „Illustrierten Wiener Extrablatts“ ergänzte: „Wir können uns die Zeit wohl nicht als allzu ferne denken, in der jeder Mensch sein Rad besitzen wird, das er im Notfall besteigen wird, wenn ihm eben eine andere Gelegenheit, um rasch vorwärts zu kommen, fehlt. Wird denn nicht einmal jedes Haus sein Telefon für die Parteien haben? In Amerika kann man sich ein Gebäude ohne Telefon nicht denken, wie man drüben auch schon nahe daran ist, dass jeder Mensch sein Bicycle hat.“
Wie die Massenproduktion von Fahrrädern funktionierte, beschreibt der illustrierte Rundgang in einer amerikanischen Fabrik aus dem Jahr 1896. Auf mehreren Bildern sind jene Räume zu sehen, in denen die Produktion der Einzel-

teile vor sich ging: Metallstangen wurden zurechtgebogen, Zahnräder hergestellt, die Reifen erhielten ihre Speichen. In einem riesigen Saal schließlich fand die Endfertigung statt, wo die einzelnen Teile zusammengesetzt wurden, „um als vollendetes Bicycle das Licht des Pflasters zu erblicken".

2. Oktober 1894 & 18. November 1896

DIE ERSTEN TRITTE DES RADFAHRERS

Eine allzu rasche, allerdings unfreiwillige Bekanntschaft mit dem Pflaster, machten jene Personen, die willens und mutig genug waren, bereits in fortgeschrittenerem Alter die Kunst des Radfahrens zu erlernen. Viele ängstliche Fahrradschüler in spe – vor allem ältere Semester – mussten erst überredet werden, sich auf den Sattel eines Fahrrads zu schwingen. Dass sich derartige Motivationsprozesse über viele Jahre zogen, lässt sich auch aus einer Titelseite des „Illustrierten Wiener Extrablatts" herauslesen: Innerhalb von zwei Jahren bot es seinem Lesepublikum zweimal dieselbe Bilderfolge, die von den Anfängen und den Tücken der ersten Pedalbewegungen erzählte. 1894 erschien der lehrreiche Fahrradkurs in Wort und Bild unter dem Titel „Die ersten Tritte des Radfahrers", zwei Jahre später brachte die Zeitung dieselbe Anleitung mit der Überschrift „Die Taferlklasse des Radfahrers" ein weiteres Mal auf Seite Eins.

Im Text versuchte der Redakteur den größten Zweiflern ihre Skepsis zu nehmen: „Das Radfahren ist sehr leicht. Es gibt unseres Wissens keinen Menschen, der es nicht zu erlernen vermochte. Man braucht etwas Geduld und etwas Courage dazu, dann geht es." – Auch wenn der Text in beiden Erscheinungsjahren fast identisch blieb, wurde in der späteren Version der Begriff einer „Massennutzung" ins Spiel gebracht – ein Aspekt, der 1894 noch unberücksichtigt geblieben war.

Auf eine weitere neue Entwicklung wurde im Jahr 1896 ebenfalls besonders hingewiesen: Die Frauen galten beim Radfahren als völlig gleichberechtigt. Die nicht gerade praktikable Kleidung in Form eines aufgebauschten Rockes gestaltete einen Pferdesattel und den Sitz eines Hochrads für Frauen gleichermaßen unbequem und erhöhte natürlich die Sturz- und Verletzungsgefahr. Da war das Niederrad, das auf einen weitaus schmaleren Sattel setzte und noch dazu auf das obere Rahmenrohr verzichtete, eine äußerst frauenfreundliche Alternative.

19. Jänner 1897

EIN WETTKAMPF IM VELODROM

Um den unwirtlichen, unebenen, staubigen und wetterabhängigen Gegenden im Freien zu entkommen, aber das Fahrrad trotzdem zur körperlichen Ertüchtigung einsetzen zu können, ließ man nun eigene Hallen – „Velodrome" – für Radfahrsportler errichten. Das Aussehen der Hallen glich im Grunde genommen jenem Rund, in dem heute noch eifrig um die Wette gestrampelt wird. Im konkreten Fall wurde die äußerst ideale Prater-Rotunde dafür adaptiert, die jeden Sonntag mehrere tausend Interessierte in die Halle brachte. Allerdings dokumentierte die Illustration eine bemerkenswerte architektonische Verlegenheitsaktion, die sich im Laufe der Zeit sogar zur Tugend einer jeden Innenraum-Radrennbahn entwickelte. Trotz der großen Halle in der Rotunde fehlte es weiterhin an genügend Raum für die Radrennfahrer: „So erheben sich an den beiden Krümmungen der Bahn förmliche Berge, welche den Fahrern Gelegenheit bieten, ganz neue Tricks in Anwendung zu bringen, dagegen ist eben wegen dieser Eigenschaft der Bahn die anderswo erprobte Taktik des Bummelns nicht sehr empfehlenswert."

Bummelnd und im wahrsten Sinne außer Konkurrenz – durch einen Netzzaun getrennt – durften auch immer häufiger Frauen ihre Runden im „Velodrom" drehen. Auch eigene Damen-Wettfahrten wurden in der Halle angeboten.

Der „Hochseilakt“ auf der äußerst schrägen Bahn blieb offensichtlich weiterhin Privileg der Männer, die mit ihren kurzen Hosen schon die perfekt passende Sportausrüstung für den Hochleistungssport trugen.

20. August 1923

DAS FUSSFAHRRAD

Eine sehr eigenwillige Form der Fortbewegung wurde im August 1923 mit dem etwas exzentrisch wirkenden „Fußfahrrad" veröffentlicht. Das lag vielleicht weniger am Gerät selbst, als an seinem Erfinder, dem Engländer William George Darrington, der es sich nicht nehmen ließ, im eleganten Anzug und lässig eine Zigarette rauchend seine Erfindung selbst zu präsentieren, um damit die Bevölkerung in den Straßen Berlins in Staunen zu versetzen. Zum Patent angemeldet hatte Darrington seine Erfindung, deren Vaterschaft zu den heutigen Rollerblades sich zu 99,9 Prozent bestätigen lässt, im Jahr 1925, unter der Nummer „DE1925D0047084" als „Rollschuh mit einem am Unterschenkel anliegenden Bügel zum Anziehen einer Bremse".

7. Jänner 1896

DAS SKILAUFEN IN PÖTZLEINSDORF

Eine Novität aus dem hohen Norden fand im letzten Jahrzehnt des 19. Jahrhunderts sehr rasch auch Anhänger im restlichen Europa: das Skilaufen. Dieses neue Freizeitvergnügen hatte ihren Ursprung natürlich pragmatischen Gründen zu verdanken. Die Begehung und Durchquerung der nordischen und lappischen (heute korrekterweise: „samischen") Schneelandschaft von einer Ortschaft zur nächsten wäre ohne Hilfsmittel nicht zu bewerkstelligen gewesen. Und mit der täglichen Übungseinheit gehörten die Nordländer zu den Meistern dieser Form der Fortbewegung: „Die Lappen jagen mit Schneeschuhen auf Rentiere und gleiten blitzschnell über die glitzernde Fläche dahin, es ist nicht leicht, das Gleichgewicht zu erhalten, doch ein Sturz in den weichen Schnee bringt keine Gefahren mit sich."

Skifahren im „Land der Berge" blieb aber nicht nur jenen Gegenden vorbehalten, die sich besonders hoher Berge, tiefer Täler und reichlichen Schnees rühmen konnten. Auch in Wien durfte der Skisport nicht fehlen, wie eine Illustration Anfang Jänner 1896 beweist: In der ehemaligen eigenständigen Gemeinde Pötzleinsdorf – seit 1892 Teil des heutigen 18. Wiener Bezirks – wurde ein Ski-Wettbewerb abgehalten, bei dem nicht nur Abfahrtsrennen ausgetragen, sondern auch Sprünge von einer Schanze durchgeführt

wurden. – Der Schanzenrekord lag damals bei 32 Metern. Bei diesem Rennen auf den Hängen und Loipen von Pötzleinsdorf hatten sich die österreichischen Leistungssportler einer ganz besonderen Herausforderung zu stellen, nahmen doch auch Schiläufer aus Schweden und Norwegen teil – die Meister ihres Faches.

14. März 1896

DAS WASSERBALLSPIEL IN WIEN

Neben dem Radfahren und Skilaufen erfreuten sich auch diverse Ballsportarten – wie Fußball, Kricket und „Lawn-Tennis" – zunehmender Beliebtheit bei den Wienerinnen und Wienern. Ein besonderer „Herrensport" konnte während des Fin de Siècle in Wien Fuß fassen. Das Spiel, in der englischen Sprache als „Waterpolo" bezeichnet, bekam in unseren Breitengraden den schlichten Namen „Wasserball". Die Regeln erinnern im weitesten Sinne an jene des Handballspiels: „Es werden im Bassin zwei Tore (Goals) befestigt und nun versuchen die Spieler, den Ball durch Schleudern mit den Händen durch das gegnerische Tor zu treiben, was sich durch verschiedenartige Angriffe und Verteidigungen sehr interessant gestalten kann."

Im Leopoldstädter Dianabad fand im März 1896 zum ersten Mal ein Wasserball-Match vor Publikum statt. Der Zeichner der Zeitung nutzte die Möglichkeit, während eines Probespiels dabei zu sein und eine illustrative Szene für den Leser, die Leserin und die Nachwelt festzuhalten. Vermutlich war die Illustration für die Leserin die einzige Möglichkeit, einen Blick auf die Wassersportler zu werfen. Denn ob sich bei diesem Probelauf beziehungsweise beim offiziellen Spiel anderntags auch Frauen aufhielten oder überhaupt aufhalten durften, ist fraglich. Anhand der schemenhaften Zuschauer im Hintergrund, die eventuell nur in einen bodenlangen Bademantel gehüllt waren, lässt sich das nicht wirklich feststellen. Die Spieler trugen zwar nicht das Sportdress der griechischen Antike, aber ihre knappen Badehosen waren zu jener Zeit weitaus frivoler geschnitten, als die heute üblichen Schwimmshorts. Auf diese Weise konnte eine bessere Körperdynamik auch unter Wasser erzielt werden.

17. April 1906

DIE „WEISSEN" UND DIE „SCHWARZEN". EIN NEUES AMERIKANISCHES BALLSPIEL

Eine recht obskur wirkende Mannschaftssportart aus Amerika bot das „Illustrierte Wiener Extrablatt" dem österreichischen Zeitungspublikum zu Beginn des 20. Jahrhunderts. Das Wording für dieses neuartige Spiel war im deutschen Sprachraum zumindest noch nicht abgeschlossen: „Man kann es das Ballspiel der Weißen und Schwarzen nennen, womit die Kostüme der Mädchen bezeichnet sind, die einander gegenüberstehen. Die Weißen verteidigen die Position, das heißt, sie versuchen die Schwarzen zu behindern, ihre Bälle in die hoch auf Stangen angebrachten Netze zu bringen. Gelingt es den Schwarzen, eine bestimmte Anzahl von Bällen in die Netze zu praktizieren, dann ist diese Partei Siegerin."

Dieses Spiel, das laut Zeitung ein gewisses Maß an „Gewandtheit und Ausdauer" erfordere, ist inzwischen unter der landläufigen Bezeichnung „Basketball" in die Sportgeschichte eingegangen und gehört zu den bekanntesten, verbreitetsten und beliebtesten Ballsportarten überhaupt. Schon lange handelt es sich natürlich um keinen reinen Frauensport mehr, und die doch recht eintönige Schwarz-Weiß-Malerei der Kleidung ist längst in ihrer paradiesvogelartigen Farbenpracht erblüht.

Die für unser heutiges Empfinden auf den ersten Blick recht

züchtig bekleideten jungen Damen hingegen dürften für damalige Zeiten in etwa dieselbe erotische Ausstrahlung besessen haben, wie sie heutzutage von den Beachvolleyball-Spielerinnen ausgeht. Allein die Tatsache, dass Frauen Hosen anhatten, dürfte einen Teil des Reizes für den Betrachter ausgemacht und der Phantasie des Illustrators Flügel verliehen haben.

20. Jänner 1875

DAS KOSTÜMFEST AUF DEM EIS

Nach einer Reihe von friedlichen Wettkämpfen in Zeiten des Fin de Siècle kehren wir in ein „Idyll" des Jahres 1875 zurück. Zu dieser Zeit war man in Wien vom Wunsch, den eigenen Körper zur Messlatte des Mottos „schneller, höher und weiter" werden zu lassen, noch sehr weit entfernt. Das lag auch daran, dass so etwas wie „Urlaub", „Wochenende" oder „Freizeit", in der eine Sportart zur Entspannung oder zum Vergnügen ausgeübt werden konnte, weder in der Lebensplanung, noch in den Köpfen der stets schwer schuftenden Arbeiter- und Bauernschaft einen Platz hatte. „Körperliche Ertüchtigung" hingegen übten viele zu einem

Übermaß aus – allerdings unfreiwillig, im Rahmen ihrer beruflichen Tätigkeit.

Das Vergnügen, das sich auch eine finanziell minderbemittelte Familie in den wenigen gemeinsamen Stunden der Rekreation leisten konnte, bestand zum Beispiel aus kostengünstigen Kostümfesten. Unterhaltungen wie jene auf dem Eis des gestauten, noch nicht regulierten Wien-Flusses in der Nähe der Stubentorbrücke (heute: Stubenbrücke) aus dem Jahr 1875 waren naturgemäß vor allem durch höhere Gewalt gefährdet. Wegen der intensiven Sonneneinstrahlung am Tag des Festes stand die Veranstaltung auf der Kippe. Das Eis jedoch hielt und das Fest konnte, wie geplant, gerade noch rechtzeitig über die Bühne gehen: „Einen Tag später und die Sonne hatte dem schönen Vergnügen allen Boden unter den Füßen weggeleckt."

Beleuchtet wurde die Eisfläche mittels Gasflammen und buntem bengalischem Feuer, das den glazialen Maskenball farbenfroh ausleuchtete. Die Kostüme unterschieden sich in ihrer Originalität nicht allzu stark von jenen, die noch heute zur Faschingszeit der Mottenkiste entnommen werden. Eine Reihe an Feen und Tänzerinnen, mythologischen und märchenhaften Figuren schlitterten über das Glatteis. Ebenso konnte man die historischen Helden der damaligen Zeit auf dem gut beleuchteten Platz erkennen. Dazu gehörte zum Beispiel eine mehrfache Ausfertigung des Kapitäns Wilhelm Tegethoff (1827–1871), damals jüngst verstorbener Held der Seeschlacht bei Lissa. Besonders originell mutet jener Besucher an, der sich offenbar als menschliches Paket prekären Inhalts verkleidet hatte und auf dem Rücken seines Kostüms den mehrdeutigen Schriftzug „Nicht stürtzen" [sic!] trug.

18. April 1873

DIE KRÖNUNG DES GEBÄUDES

Wie es beim Sport unter dem Motto „schneller, höher, weiter" galt, die Grenzen des Möglichen bis hin zu schweren Verletzungen und sogar bis zum Tod auszureizen, gab es auch im Bereich der Architektur den unstillbaren Wunsch, bereits existierendes Monumentales um ein Vielfaches zu übertreffen.

Gute Anlässe für megalomanisch anmutende Großbauprojekte boten natürlich die Weltausstellungen, die sich – besonders in den ersten Jahrzehnten – in überbordend architektonischer Manie stets zu übertrumpfen versuchten. Die Latte für derartige Bauten wurde bereits bei der ersten Weltausstellung 1851 in London äußerst hoch gelegt. Im Hyde Park entstand unter der Leitung von Joseph Paxton (1801–1865) ein eiserner Fachwerkbau, der sich in insgesamt 300.000 Glasscheiben widerspiegelte. Sechs Millionen Menschen besuchten ab Anfang Mai 1851 und in den darauffolgenden Wochen das 550 Meter lange und 140 Meter breite Gebäude, um sich jene neuen technischen Errungenschaften anzusehen, die in den nächsten Jahren die Welt verändern würden.

Mit diesen Ausmaßen konnte die Rotunde im Prater, Herzstück der Wiener Weltausstellung im Jahr 1873, natürlich nicht mithalten. Ihre Länge betrug „lediglich" 180 Meter, ihre Höhe 84 Meter. Trotzdem wusste das Gebäude zu beeindrucken. Da genügte es, wenn das „Illustrierte Wiener

Extrablatt“ knapp vor Fertigstellung der Rotunde dem Leser und der Leserin anhand eines relativ kleinen Bauteils des Gesamtkomplexes, nämlich in Form der Kaiserkrone, einen klassischen „Zündholzvergleich“ bot, um die wahren Relationen darzustellen. Diese Krone bildete die oberste Spitze der Rotunde und wog bei einer Höhe von 3 Klafter (circa 5,7 Meter) etwa 500 Zentner. Sechs Jahrzehnte schmückte diese majestätische Spitze das Gebäude. Auf historischen Zeichnungen und Fotografien ist die Krone lediglich als winziger Abschlusspunkt der breitschultrigen Rotunde zu erkennen. So war es wenigstens auf der Illustration vom April 1873 für einen Moment möglich, das Objekt in seiner Gesamtpracht „von der Nähe aus“ zu

bestaunen. Besondere Hervorhebung fand im Text die birnenförmige Perle an der Spitze und an den seitlichen Rändern der Krone. Diese habe „während ihrer Erdenexistenz dazu gedient, in der Runde ihrer Verfertiger als Humpen zu kreisen, der das stattliche Quantum von fünf Maß Bier, also ein Achtel Eimer, ganz bequem in seiner Höhlung fasste."

10. Juli 1873

AUF DER HÖHE DER ROTUNDE

Am 1. Mai 1873, wenige Tage, nachdem die Krone auf der Spitze des Gebäudes angebracht worden war, kam es zur feierlichen Eröffnung der Wiener Weltausstellung. Diese stand allerdings unter keinem guten Stern. Eine Woche nachdem sich die Pforten der Rotunde offiziell geöffnet hatten, kam es zum Börsenkrach in Wien, der zahllose Menschen um ihr Vermögen brachte. Das Ausstellungsgelände selbst versank wegen der anhaltenden Regenfälle im Morast. Zu allem Unglück brach Anfang Juli die Cholera in Wien aus. Trotz dieser Unbilden wurden bis zum Ende der Weltausstellung Anfang November mehr als beeindruckende sieben Millionen Eintrittskarten verkauft.

Nicht nur die weitläufigen Innenräume der Rotunde boten genügend Platz zum Wandern und zum Staunen. Bestimmte Teile des äußeren Runddaches standen auch der Begehung durch die Bevölkerung zur Verfügung, die von hier aus einen stupenden Weitblick über Wien genießen konnte. Der Wiener Wind jedoch ließ diesen Ausflug aufs Dach zu einem kleinen Abenteuertrip werden und den Autor der üppigen Bildunterschrift beflügelte er zu den fast poetischen Sätzen: „Lustig treiben hier oben die Lüfte ihr flottes Spiel; es flaggen und flattern im weiten Kreise die farbigen Wimpel, selbst das zu solchem Metier hinneigende Gewand der aufsteigenden Damen wird zur Fahne, die dem lockeren Zuge zu folgen sich anschickt, und die Besitzerin tut gut,

nur verheiratet diesen Weg auf die Rotunden-Decke zu unternehmen, da es sich am nervigen Arme eines Mannes fester und sicherer steht."

In den nächsten sechs Jahrzehnten bot die Rotunde als Mehrzweckhalle genügend Raum, um die unterschiedlichsten Messen, Ausstellungen und sportlichen Wettkämpfe zu beherbergen. Am 17. September 1937 brannte das Gebäude, dessen hoher Holzanteil genug Zunder lieferte, bis auf seine Grundmauern nieder. Nicht einmal ein Jahr vorher, am 30. November 1936, waren die unzähligen Glasscheiben des Londoner Pendants geborsten. Der Kristallpalast fiel ebenfalls einem Brand zum Opfer.

13. Februar 1901

WIE DER STEPHANSDOM MIT ZWEI TÜRMEN AUSSEHEN WÜRDE

Der Stephansdom, das wichtigste Wahrzeichen Wiens, war jahrhundertelang das höchste Gebäude der Stadt. Vielleicht blickten einige Wiener Stadtväter in ihrer Feierlaune anlässlich des angebrochenen 20. Jahrhunderts zu tief ins Glas. Vielleicht empfand man den fehlenden Südturm – um so manche Theorie Sigmund Freuds außen vor zu lassen – als akut schmerzhaftes architektonisches Handicap. Jedenfalls war der Gedanke aufgekommen, dem Nordturm einen ebenbürtigen Bruder an die Seite zu stellen. Und das „Illustrierte Wiener Extrablatt" richtete einen Appell an seine Leserschaft, sich an der losgetretenen Diskussion zu beteiligen. Die Zuschriften waren zahlreich und spiegelten die Perspektiven von Menschen wider, die noch ein völlig anderes Stadtbild aus Kindheits- und Jugendtagen in ihrem Kopf herumtrugen als die Wiener des frühen 21. Jahrhunderts. Ein pensionierter Major schrieb im Februar 1901 an die Redaktion: „Ein zweiter Stephansturm ist keine radikale Veränderung, wie es die Stadterweiterung war, handelt es sich doch nur um ein Objekt". Der Major konnte sich noch gut an seine Spaziergänge erinnern, die er als junger Mann auf den Basteien, zum steil ansteigenden, „traulichen Paradeisgartel", auf dessen Gründen sich heute das neue Burgtheater erhebt, unternommen hatte. Deswegen muss ihm die Diskussion um den Ausbau des Südturms geradezu lächerlich vorgekommen sein.

Neben mehreren Antworten, die eher dem Wiener Schmäh geweiht waren, gab es nebst ästhetischen und finanziellen

Bedenken auch statische Fragen. So war es für einen anderen Leser äußerst fraglich, „ob der alte Stumpf, der vor mehr als 500 Jahren begonnen wurde, so viel Widerstandskraft und Tragfähigkeit besitzt, um die Last von nahezu 50 Klaftern (circa 90 Meter, Anm.) Steinmaterial in der Höhe, die ihm aufgebürdet werden soll, zu tragen, ohne darunter zusammenzubrechen."

Nicht auszudenken, was der Anbau eines zweiten Turms für ein bekanntes Wiener Schokowaffelunternehmen bedeutet hätte – wo dieses den eintürmigen Stephansdom doch schon als Firmenlogo für sich beansprucht hatte.

8. März 1875

DIE DURCHBRUCH-MASCHINE FÜR DEN KANAL-TUNNEL

Für Vorhaben, die Größtes, Höchstes und Längstes im Sinn hatten, bedurfte es natürlich auch eines Werkzeugs in den dementsprechenden Dimensionen, um gewisse Vorarbeiten leisten zu können. Eine derartige Maschinerie wurde eigens für den Bau des Ärmelkanal-Tunnels entwickelt, um die notwendigen Bohrarbeiten so rasch wie möglich voranzutreiben. Zu verdanken hatte die moderne Kanalbautechnik diesen riesigen „Dosenöffner" dem schottischen Ingenieur William Brunton (1777–1851), der sich schon 1844 mit dem Gedanken trug, mit einer technisch gut durchdachten Maschine eine unterirdische Verbindung zwischen England und Frankreich herzustellen.

Der Einsatz dieser überdimensionalen Bohrmaschine erfolgte aus guten Gründen, da die Anwendung von Sprengstoff knapp unterhalb des Meeresspiegels nicht gerade empfehlenswert erschien. William Bruntons Erfindung folgte dem Prinzip eines Hohlbohrers. Obwohl der Ausdruck „Bohren" die realen Gegebenheiten vielleicht nicht ganz trifft: Die Maschine bohrte weniger, sondern schnitt sich vielmehr durch den weichen Kreidegrund. Aber das sollte bei weitem nicht die einzige Erleichterung sein, die diese Konstruktion dem schwächelnden menschlichen Oberarm bieten konnte: Sie konnte das ausgeschnittene Geröll auch entsorgen, „sobald es durch die Scheiben losgetrennt ist, in eine Leitrinne fällt, aus der es durch Vermittlung einer endlosen Leinwand in kleine Waggons verladen wird, auf welchen das Geröll vollends aus dem Raum entfernt wird."

Im Jahr 1875, zur Entstehungszeit der Illustration, befand man sich mit dieser ausgeklügelten Technik noch im Anfangs- und Experimentierstadium. Das Gerät konnte

sich innert einer Stunde gerade etwas mehr als einen Meter vorarbeiten, bei einem Durchmesser von zwei Metern. Die letztlich notwendigen Dimensionen von 6 Metern Höhe und 8 Metern Breite, mit Ziegeln oder Stein ausgekleidet, blieben einem zweiten Durchgang vorbehalten, zu dem es aber nicht mehr gekommen war. Trotz eines beachtlichen finanziellen und technischen Aufwands musste das engagierte Projekt nach einigen Jahren aufgegeben werden.

16. März 1888

DER GRÖSSTE MAGNET DER WELT

Auf den ersten Blick mutet die Illustration an, als wäre sie dem Standbild eines Science-Fiction-Films nachempfunden worden, dessen Antagonist auf ungewöhnlich gefinkelt-technische Manier wieder einmal die Weltherrschaft an sich reißen wollte. – Dabei handelte es sich lediglich um einen relativ harmlosen Riesenmagneten, der zu jener Zeit als größter Magnet der Welt galt. Der Verfasser des Artikels

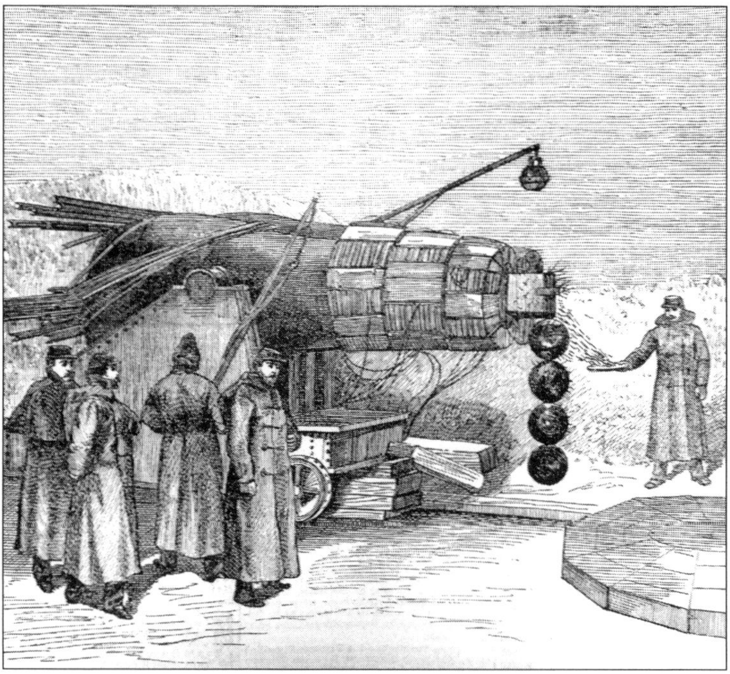

ließ es sich im Auftakt seines Kürzest-Essays nicht nehmen, seine eigene Schulzeit Revue passieren zu lassen, wenn er von zahlreichen Experimenten erzählte, die er selbst mit kleineren Magneten durchgeführt hatte. Sogar seine damals erworbene literarische Bildung in Sachen Shakespeare ließ er durchblicken, wenn er die Faszination, die Magneten auf die Schüler auszuüben wussten, mit den Worten „ein Ziel auf's innigste zu wünschen“ beschrieb.

Hauptaugenmerk im Artikel blieb aber weiterhin jener Riesenmagnet, der in Amerika – dem „Land der Monstrositäten“, so der Autor – im März 1888 für großes Aufsehen sorgte. Die beeindruckenden Experimente, die mit diesem Magneten veranstaltet wurden, übten eine enorme Anziehungskraft auf das neugierige Publikum aus. Mit schweren Kanonenkugeln, die wie angeklebt schienen, mit Brecheisen, die lediglich von vier starken Männern vom Magneten wieder losgelöst werden konnten oder mit Zimmermannsnägeln, die aus beachtlicher Entfernung von dem kräftigen Koloss angezogen wurden, ließ sich dessen unglaubliche Kraft überzeugend nachweisen und demonstrieren.

Nur eine brennende Frage war zu diesem Zeitpunkt noch unbeantwortet. Nämlich, worin ein derartiges Gerät im praktischen Leben seine Anwendung finden könnte. Der Autor des Artikels beruhigte seine Leserschaft mit seiner sicheren Überzeugung, dass die „praktischen Yankees“ auch dafür recht bald eine Lösung gefunden haben werden.

15. Juni 1908

WAS NOCH ZU ERFINDEN IST

Die schnell voranschreitende Technik des ausgehenden 19. und des frühen 20. Jahrhunderts überforderte so manche traditionsbewussten Zeitgenossen. Weder mit der neuartigen Fortbewegungstechnik noch mit den Tücken eines modernen Kommunikationsgeräts werden diese ihre Freude gehabt haben. Die atemlose Entwicklung neuer technischer Geräte fand im Juni 1908 im „Illustrierten Wiener Extrablatt" ihren kreativen und nicht zu knapp ironischen Niederschlag. Der Zeichner hatte sich unter Aufwendung seiner kühnsten Fantasien folgende Erfindungen ausgedacht: Einen „Sessel, der das Altwerden verhindert, ein Automobil, das über Gräben und Zäune springt, ein Dampfer, der 60 Kilometer in der Stunde zurücklegt" sowie ein Kommunikationsgerät namens „Teleone": „Man hört nicht nur, man sieht auch seinen Gegenpart."

Die magische Grenze von 60 Stundenkilometern ist im Bereich des maritimen Transportwesens wenig später überschritten worden. Auch das über Gräben und Zäune springende Gefährt hatte bald sein reales Pendant gefunden. Das „Illustrierte Wiener Extrablatt" selbst stellte im Juli 1927 auf der ersten Seite „ein Auto, das jedes Hindernis nimmt" vor, das dem 20 Jahre zuvor geschaffenen fiktiven Prototypen verblüffend ähnlich sah. Und von der Verwirklichung des „Teleone" weiß jeder skypende Mensch längst ein Freudenlied anzustimmen.

Nur was den „Sessel, der das Altwerden verhindert" betrifft, hinken Technik und Wissenschaft noch nach. Niemand war bisher in der Lage, die Menschheit mit einer derartigen Erfindung auszustatten.

14. August 1925

DER RADIO-POLIZIST

Eine weitere gezeichnete Zukunftsfantasie präsentierte das „Illustrierte Wiener Extrablatt" im August 1925. Die Abbildung des Respekt einflößenden „Radio-Polizisten" war der Zeitschrift „Illustrierte Technik für jedermann" entnommen worden. Mittels neuer Technik, so schrieb man, sollte es nicht mehr schwierig sein, ein Konstrukt zum Leben zu erwecken, das um die Aufrechterhaltung der allgemeinen Sicherheit bemüht sei. Danach folgte eine genauere Beschreibung dieses artifiziellen Sicherheitsorgans: „Der Radio-Polizist besteht aus einem eisernen Hohlgefäß von ungefähr Menschenform mit beweglichen Armen und Beinen. In seinem Innern ist ein Benzinmotor untergebracht, der das Monstrum vorwärts bewegt und auch dazu dient, jede gewünschte Stellung der Gliedmaßen herbeizuführen. Des weiteren befindet sich im Innern ein Lautsprecher, dessen Zweck es ist, den

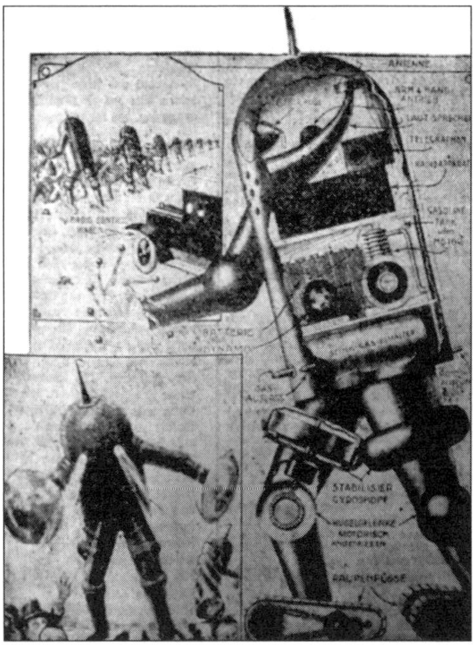

Volksmassen beliebige Befehle zu übermitteln oder sie derart anzubrüllen, dass die übrige Arbeit des Radio-Polizisten dadurch eine wirksame Unterstützung erfährt. Ein gleichfalls im Innenraum untergebrachter Gasbehälter ermöglicht eine Art von Gasangriff. Zur Verteilung des Gases und um den Schrecken zu erhöhen, dienen rotierende Scheiben, die die Stelle der Hände vertreten." – Der Artikel endete mit den Worten: „Wer weiß, vielleicht wird einmal das, was jetzt ein Witz ist, in irgendeiner Form zur Tatsache."

20. Jänner 1900

KINDERL IM BADE

Um derartige (und zum Glück noch immer nicht eingetretene) Horror-Szenarien wie die Einsetzung eines „Radio-Polizisten“ nicht an das Ende dieses Buches zu stellen, sollen zwei versöhnlichere Illustrationen zu einem freundlicheren Abschluss beitragen.

Im Jänner 1900 veröffentlichte die Zeitung ein Bild, das in der üblichen aktuellen Tagesberichterstattung beinahe als Provokation verstanden werden konnte. Konfrontierte es den Betrachter doch mit einer Szene, die es in dieser arglosen Form noch nie auf eine Titelseite geschafft hatte: Eine auf einem Stuhl ruhende Mutter und ihr in der Blechbadewanne sitzendes Kindlein lachen fröhlich aneinander vorbei.

Folgendermaßen rechtfertigte die Zeitung ihr „provokantes" Illustrations-Idyll: „Es tut einem ordentlich wohl in heutiger Zeit, da die Chronik uns jeden Tag neue Fälle von abscheulichen Kindermisshandlungen erzählt, ein Bild stillen, innigen Familienglücks vor unseren Augen zu haben. Wir sind überzeugt, den Wünschen unserer lieben Leserinnen und Leser entgegenzukommen, wenn wir ihnen heute ein kleines Genrebildchen aus dem Leben bieten, einfach, ungekünstelt und doch voll Kunst, denn es spricht die Wahrheit daraus, Mutterliebe, Mutterglück, Kinderfreude, Kindeslust – lauter Begriffe, die der Wienerstadt abhanden gekommen zu sein schienen".

22. November 1927

DER PROTEST DES FUSSGÄNGERS

Ende 1927 hatte das „Illustrierte Wiener Extrablatt" nach beinahe 20.000 Seite-Eins-Bildern eine Vielzahl an Erfindungen und Innovationen, die die Welt (und den Menschen) verändern sollten, auf seinem Titelblatt präsentiert. Das Telefon beherrschte längst die Kommunikation; das Radio war zu einem Massenmedium geworden; das Flugzeug transportierte bereits über weite Strecken schwere Lasten und eine größere Anzahl an Personen; das Fahrrad eroberte die Straße als massentaugliches Fortbewegungsmittel; die elektrische Straßenbahn und das Automobil schickten das Pferd als Transportmittel für den öffentlichen Verkehr ins Ausgedinge.

Vielleicht gerade diesen Entwicklungen zum Trotz brachte die Zeitung im November 1927 das Bild eines „älteren Sonderlings", der auf besondere Weise in der englischen Hafenstadt Southampton für öffentliches Aufsehen gesorgt hatte. Der einen beeindruckenden Vollbart tragende, würdige alte Herr wurde selbstbewusst, mit aufrechtem Gang einherschreitend dargestellt. Am oberen Ende seines Spazierstocks war eine Autohupe zu erkennen, mit der er sich mitten im überbordenden Verkehr lautstark Gehör verschaffte, um die Fahrbahn unbeschadet überqueren zu können. Der alte Mann löste wegen seiner schrulligen Idee bei Vorüberfahrenden und Entgegenkommenden vor allem Heiterkeit aus.

Gut vorstellbar, dass sich auch heute Fußgängerinnen und Fußgänger jeglichen Alters gern mit einem derartigen akustischen Gerät ausstatten würden, um sich die Überquerung der Straße und das Vorankommen im Stadtverkehr zu erleichtern. Könnte auf diese Weise doch mancher Unaufmerksamkeit – gerade auch auf den Gehsteigen – einfach hupend entgegengewirkt werden.

INHALT

Mit freundlicher Unterstützung:

Kulturabteilung der Stadt Wien, MA7 – Wissenschafts- und Forschungsförderung sowie Literaturförderung

Sämtliche Illustrationen und Zitate stammen aus dem „Illustrierten Wiener Extrablatt“. Gesichtet wurden sie im Tiefenspeicher der Österreichischen Nationalbibliothek. Autor und Verlag bedanken sich für die freundliche Unterstützung.

Verlagsbüro W. GmbH
www.metroverlag.at

Printed in the EU
ISBN 978-3-99300-269-5